Fanatismo y misticismo.
Su valor social
y otros ensayos

Adolfo Menéndez Samará
FANATISMO Y MISTICISMO
SU VALOR SOCIAL Y OTROS ENSAYOS

FILOSOFÍA

Edita: Editorial Doble J, S.L.
C/ Montevideo 14
41013 Sevilla
www.culturamoderna.com
editorialdoblej@editorialdoblej.com
ISBN: 978-84-96875-07-4

Índice

Nota del autor I
I. Fanatismo y misticismo 1
    El fanatismo religioso 9
    El misticismo 21
    Epílogo 43
II. Nietzsche y Calicles 57
III. Nuestro sentido del ridículo 71
IV. El surrealismo 77

*Inquietum est cor nostrum
donec requiescat in Deo.*

San Agustín

Por intranquilidad intelectual, desde hace algunos años estudio con detenimiento la filosofía de la religión, sin haber encontrado lo que busco. Y no hace muchos meses tuve que sufrir la plática de uno de esos personajes que, sin cultura ni convicciones, pretendía imponerme su criterio con referencia a ese problema. Mi interlocutor negaba el valor social de cualquier religión porque educaba a los hombres en el fanatismo y éste es una cadena que los aherroja. Juzgando al misticismo repetía esas teorías trasnochadas de la psicopatología que hacen del místico un neurótico. Me citaba a Freud y la sublimación de la libido que se convierte en ciencia, arte y religión.
Este pequeño ensayo es mi reacción a esa opinión apasionada y sin fundamento. No creo decir nada nuevo ni haber logrado una exposición atractiva. Sólo pretendo puntualizar un pensamiento que flota en el ambiente, siempre que no esté coloreado por odio, el cretinismo antirreligioso y el interés político.
No debe esperarse una apología del cristianismo, aunque indudablemente creo que éste es una forma religiosa superior; pero adviértase que no soy precisamente un cristiano militante. Discurro sobre el fanatismo y el misticismo universales sin filiación de ninguna especie. También pretendo hacer comprender que el primero, o sea el fanatismo, no es

solamente un fenómeno de tipo religioso sino también de otras especies; en cambio, el misticismo sólo podrá realizarse en un ámbito de religión.

Si la ejemplificación no abarca a muchos países y a varias religiones, se debe a escasez de datos. La culpa puede, en parte, ser mía y no vale excusarse diciendo que tanto uno como otro fenómeno han sido estudiados por muchos autores en el occidente europeo, con descuido de lo que sucede entre los lamas budistas o los sacerdotes del culto maya.

Por otro lado, rechazo cualquier crítica que se refiera a esta escasez de antecedentes en cuanto a que imposibilitaría la reflexión.

La filosofía contemporánea ha hecho caer en el descrédito a la inducción como primer método de conocimiento, pues las notas esenciales de un fenómeno se pueden extraer de una sola vivencia del referido fenómeno, con tal que sean más de dos y que estén enlazadas de manera necesaria.

No obstante, tampoco hago filosofía. Este trabajo es un simple ensayo, y esta clase de escritos permiten, por su condición elástica, hacer a veces un poco de psicología, otras de filosofía estricta y, algunas más, de historia o sociología.

Así comprendido el ensayo, puede uno caminar por grandes campos sin correr el peligro de topar con las fronteras inviolables del trabajo metódico y académico.

Otros ensayos acompañan al del *Fanatismo y Misticismo* sin guardar conexión con él. Son estudios hechos durante el momento en que el tema que trato me preocupaba. De ahí que algunas veces se descubran contradicciones. Esto puede perdonárseme si se tiene en cuenta que sólo estoy en la etapa del estudio, sin que, felizmente, mi criterio se haya solidificado.

México, xi, 1939

Fanatismo y Misticismo

Desde los enciclopedistas del siglo XVIII se empezó a combatir el fanatismo.

Este fenómeno de nuestra cultura occidental ha de tener paralelos en otros lugares y épocas; aquí sólo me interesa, por lo pronto, la exacerbación en contra de las religiones, especialmente la cristiana, que, desde la Revolución francesa, es calificada de fanática, sin distinguir entre la forma simplemente religiosa que algunos hombres practican y la de esa otra especie de individuos de ánimo exaltado y preocupación enceguecedora hacia una determinada doctrina, que motiva un exceso de creencia en esta, con exclusión de cualquier otra, y que causan acciones frenéticas en su defensa.

Así entendido, el fanatismo no sólo es religioso sino también político, literario o artístico. En algunos casos hasta la amistad y el partidarismo por una persona, cuando se la ha hecho encarnar una idea, pueden ser tachados de fanáticos. El amor, en cualquiera de sus formas, casi siempre por su exaltación, motiva actitudes defensivas para garantizar la posesión del sujeto amado, que se convierte en el cristal a través del cual se mira el mundo.

El fanatismo lo representa la persona de un joven de cabellos hirsutos que lleva en la mano un libro, que significa la idea que convierte en su objetivo único, y en la otra el puñal, signo de la arbitrariedad agresiva de la pasión desbordada.

¿Cuántas veces no habremos descubierto esa figura en hombres que se llaman anarquistas o políticos, pertenecientes a cualquier *ismo* artístico o que son misioneros protestantes?

El anarquista de principios de siglo, casto y limpio de alma, que arroja una bomba al paso del carruaje de uno de los últimos reyes, haciéndolo con plena conciencia de su sacrificio, y muere a manos de un pueblo vengador, es un fanático; Sachka Yegulev es su arquetipo.

El fanatismo es de todos los tiempos y se deriva de cualquier idea o doctrina. El fanático ha de ser *ingenuo*, con razonamientos suficientes para justificar la defensa de su creencia por medio de la agresión; sigue una lógica inflexible en que trata de demostrar el por qué valora superior y exaltadamente la teoría que ha hecho suya. De ahí su *intransigencia* para aceptar consejos y modificaciones.

El fanático ha de ser crédulo, sin capacidad discriminativa entre la verdad y el error, supeditando la justicia y la moral sociales a sus propias ideas, producto de la alucinación sentimental que ciega el entendimiento y que, con irresistible empuje, le forja una voluntad inquebrantable.

El fanático *cree*, nada más cree, que la verdad *le pertenece*; por eso rechaza con terquedad las razones ajenas y por eso es rebelde al mandato de la autoridad, pues la supone equivocada. A veces se considera incomprendido, por lo que se conceptúa grande; y porque cree tener la verdad asida, se juzga superior. Por eso es orgulloso de sí mismo y despreciativo para los que no piensan como él. Su presunción es enorme.

Si en algún momento descubriese que la realidad le contradice su doctrina fanática, la despreciaría, pero no de manera desdeñosa, sino irritado, agresivo, intransigente; y, si estuviera en su posibilidad, la destruiría por conceptuarla falsa, ya que sólo es verdad su verdad subjetiva.

La raíz última del fanatismo es la agitación, deseo e inclinación vehemente por imponer con violencia su doctrina, su sistema. Por eso afirma, sin analizar, que los hechos deben acomodarse a su tesis, no importándole que ese acoplamiento sea forzado o falso; si no lo logra, ataca a la misma realidad que le contradice.

No hablo de esa agitación que es la trama de la historia del mundo, que constituye el incentivo universal y está formada por millones de agitaciones individuales, que nacen de causas ignoradas, como las vicisitudes de cada quien, sino de esa agitación dolorosa de una época determinada, proveniente de hechos que afectan a todos y todos conocen, y que forma como el tono del ánimo colectivo en un determinado momento histórico.

Esta agitación aunque afecta a los hombres de una época, no obra de un modo uniforme, pues los más sensibles se convierten en *pioneros* de su sociedad y contagian a sus compañeros de la agitación exacerbada que les embarga, señalando la intensidad con que ha de exaltarse el *pathos* colectivo.

Esos espíritus hiperestésicos son más propensos a la agitación que otros; de aquí que hayan de transfundirla.

Sin ellos la agitación sería un movimiento uniforme de la sociedad y su evolución cultural seguiría un ritmo lento; pero es precisa la existencia de estas almas delicadas en las que la fuente de la agitación individual ha descubierto la de la universal, mezclándose con ella para obtener jalones en el devenir de la cultura.

Ahora bien, tomado sin [*sic*] las notas que a continuación señalamos para dibujar el fanatismo, podría suponerse que sólo hablamos del innovador religioso, político o social, pero se hace necesario pensarlo como *fenómeno colectivo*. Derivado de la agitación esencial se forma su espíritu combativo. Por excelencia el fanático es *guerrero*. Predica la lucha, que considera santa, porque es verdadera la idea que quiere imponer. Puede ser un guerrero armado de todas las armas homicidas; también puede luchar con la palabra mordaz, insultante y agresiva.

El fanatismo es además *imperialista*, es decir, que no se contenta con la persuasión y la propaganda, sino que, quiérase o no, se ha de aceptar su tesis. Es, pues, un *imposicionista*.

El fanatismo está fundado en la suposición de un acto volitivo que induce a creer e impide razonar; que obliga a emprender la lucha; que pretende imponer.

Por último, tiene una curiosa condición: la tolerancia, que es la actitud que soporta lo desagradable y que por su misma condición de condescendencia indulgente no emprende un ataque en contra de la intransigencia, es desconocida para el fanático. Sólo puede oponerse al fanatismo otra forma tan poderosa, imperialista e intransigente como él; es decir, que el *fanatismo nada más puede ser combatido por otro fanatismo*, y de ambos vencerá el más fuerte y desarrollado, el más fanático.

Naturalmente que no es necesaria una cierta homogeneidad intrínseca de fanatismos para que pueda establecerse la pugna, pues a veces son ideas fanatizadas de orden político las que se oponen a formas religiosas, o es una intransigencia de esta última clase la que se enfrenta a un furor más o menos científico.

La influencia de Catalina de Médicis en su hijo Carlos IX, saturada de cristianismo, es la causa de la matanza de diez mil hugonotes en París y cuarenta y cinco mil en provincias.

Al fanatismo protestante, que tiene como crueles exponentes desde el metódico Barclay, pasando por Cromwell, hasta la necia impiedad de Praise-God-Barebones, se oponía la intransigencia católica de la Médicis. Este es un caso en que ambos imperialismos contendientes tienen homogeneidad en su punto religioso de partida.

En cambio, los materialistas del siglo pasado, como Büchner, Fechner, Häckel, hacen de su cientifismo, como Augusto Comte del positivismo, una fanática tribuna, desde donde se atacan todas las religiones, ya la cristiana y la mahometana, la protestante o el budismo, pues afirman que la idea de Dios es, como dice Feuerbach, un antropomorfismo, producto de la imaginación y concepción humana. Pero si en el caso de esta exaltación racional-materialista, no corre la sangre como en siglos anteriores, se debe a que las épocas varían y sobre las estimaciones religiosas se sitúan nuevos valores, como el económico, que es el fanatismo de nuestra época, y que ahora se encarga de esgrimir la violencia, la muerte y el pillaje, antes en manos de religiosos fanatizados.

Hasta aquí un fanatismo en abstracto que pueda convenir al patriota exaltado o al escritor exclusivista, al romántico de la poesía o al que conquista un pueblo basado en una pretendida superioridad racial.

Pero al ocuparme, por lo pronto, sólo del fanatismo religioso, ya que el hombre, quiérase o no lo es por esencia, lo hago porque en este aspecto de la vida humana se destaca con pristinidad su valor social. Después he de ocuparme de un fanatismo distinto y contemporáneo: el político-económico.

El fanatismo religioso

Esta especie de fanatismo no se lleva bien con el individualismo. Es, más bien, el contagio del hombre en el agregado social. Un fanático aislado es inconcebible; necesita del apoyo de sus congéneres, que, al mismo tiempo que motivan en él la idea fanática, le van poco a poco exacerbando con el ejemplo físico y la influencia oral. El fanatismo es la actitud de un núcleo social en donde cada uno de los miembros ha exaltado en los otros el deseo de la destrucción de lo que se opone a su intransigencia. Es una influencia e imitación mutua. Cada fanático hace esfuerzos por ser más violento, guerrero e imperialista que sus compañeros. Se despierta la necesidad de convertirse en un ejemplo más fanatizado y fanatizador que los demás.

También aparece la agitación en el tipo religioso, porque su fe, tal como la siente, no la encuentra en todos los hombres con el mismo grado de intensidad.

El fanático no es profeta ni predicador que, ya por la razón o por la afinidad simpática de los sentimientos, pretenda convencer; es por la violencia como quiere conquistar adeptos, prefiriendo, claro está, la destrucción de los que se le oponen. Sólo así encuentra la tranquilidad.

Junto a este aspecto de expansión, de propagación imperialista, está la actitud pasiva, simplemente defensora. Entonces la agitación se encauza ya no en la forma combativa, sino que se encierra defensivamente en las murallas de un altivo desdén. Sus acciones no son expansionistas para obtener nuevos adeptos, sino que es oposición, siempre agresiva, hacia las irrupciones o ataques que sufre el contenido de su fanatismo por el empuje de otras religiones, herejías o descubrimientos científicos, que destruyen alguna parte del objeto de su fe. Podríamos decir que el fanatismo religioso se convierte entonces en un *conservadurismo*, también religioso. Pero no se crea que porque es conservador, es inerte y poco peligroso; todo lo contrario, estará siempre dispuesto a convertirse en acción guerrera para destrozar al atacante.

Esta actitud defensiva toma casi siempre un cariz ético, pues se organiza el contraataque no precisamente contra el meollo de la forma opositora, sino de sus notas morales. Así, antes de aplastar una heterodoxia con la maldición de la herejía, se establece una comparación de códigos morales para fallar y calificar, a final de cuentas, como inmoral a la nueva fracción opositora.

Pero si este aspecto conservador del fanatismo religioso constituye un bien para su objeto, porque lo conserva intacto de cualquier modificación venida del exterior, es también, por otro lado, peligroso para aquél, pues como se juzga a sí mismo el fanático un hombre veraz, justo y superior a cualquier otro que sustente un concepto distinto, *delimita* el objeto de su fe, convirtiéndolo en algo inmodificable y absoluto, porque no hay mejor manera de rendir culto a su idea piadosa que conservarla sin modificaciones ni pulimentos.

Por esta razón el fanatismo es perjudicial a sí mismo, pues al rechazar toda posible modificación establece un quietismo peligrosamente destructivo de su objeto religioso, ya que la humanidad deviene, lo mismo que cambian sus sentimientos, razonamientos y estimaciones de valores. La conciencia humana no es estable e inmóvil, sino un perpetuo cambio, y la Historia nunca permanece en el equilibrio de un solo acontecimiento, sino en sucesión de hechos; por estas causas es por lo que peligra, en su estatismo, el objeto del fanático.

De aquí ese divorcio entre el devenir de la cultura, que siempre realiza nuevos valores, y las religiones. Es un conflicto de inadaptación.

La discordancia puede establecerse, a veces, por causa del desarrollo científico o del advenimiento de un sistema filosófico que destruye el ortodoxo, o, también, por el simple entibiamiento de los hombres en su fe por una religión determinada. En este último caso sucede que nuevas formas de valor expresado han suplantado al ya establecido.

Del primero existe el ejemplo del siglo pasado con su afán de desmenuzar todo psicológicamente, estudiar los pueblos primitivos y hacer sociología positivista (novela científica de la escuela realista). En aquella época muchos escritores, ensayistas y filósofos, sin dejar de reconocer que la religión es algo innato al hombre, ponen de manifiesto el desmoronamiento del concepto católico ante el descubrimiento de las ciencias naturales. Entonces, para aplacar la antinomia entre la natural religiosidad humana y la ciencia, vuelven los ojos al panteísmo hindú, siguiendo la corriente de moda de aquellos años en que estaban frescas las traducciones de los Vedas y el Mahabarata, y lo proponen como algo novedoso, capaz de sustituir científicamente al catolicismo «pasado de moda».

El segundo caso, la escisión entre la Filosofía y la Religión, lo representan Kant, Lessing y Fichte que, después de atacar los fundamentos metafísicos de ésta, aspiran a defenderla de la razón, encerrándola en la esfera de la moralidad, Herder, Jacobi, Schelling y Schliermacher, en la misma situación comprometida, la confinan al campo del sentimiento inmanente. Pero entonces, como reacción, León XIII lanza su encíclica *Aeterna Patris* en la que recomienda volver a Tomás de Aquino, quien se remoza en las manos de Cathrein y Hageman, Froebes y Mercier, tratando de poner al día la llamada filosofía de la Iglesia, sin sufrir el dogma la más pequeña modificación. En otras palabras diría que se echó mano de la dialéctica, en su sentido medieval, para demostrar la invalidez del ataque antimetafísico de Kant, del que se derivaron los restantes filósofos. Porque no son el mecanicismo, el positivismo o el viejo materialismo hecho científico en el siglo XIX, que pronto se hundieron en el desprestigio filosófico, los que encierran un peligro para la filosofía oficial de la iglesia romana, sino que es, y con razón, como lo declara Jansen, un filósofo católico alemán, «el kantismo el más peligroso y, aun en nuestros días, el más influyente adversario de todo lo que es para nosotros más sagrado y más querido».

También el protestantismo, en cualquiera de sus formas, es un ejemplo de ese fanatismo conservador y estático. Basado en el libre examen, en la interpretación privada de la Biblia, que se toma como la inspiración directa e inmediata del Espíritu Santo, que permite a cada creyente la inteligencia de la Sagrada Escritura, no deja en libertad de conciencia a sus adeptos, pues la fuente o principio moral de todo su edificio religioso, la Biblia, es algo inmutable que no debe sufrir alteraciones de ninguna especie, porque dejaría de tener el importante papel que se le asigna. Por otro lado, es nada menos que el Espíritu Santo, la tercera persona de la Trinidad, el que se encarga de guiar nuestro pensamiento para interpretar Salmos y Profecías. De aquí concluimos, siguiendo estrictamente el dogma protestante, que cualquier lector de las Escrituras obedece al mandato divino que le encauza el juicio interpretativo. ¿Cómo es posible, entonces, la libertad de examen si el mismo Dios es el que impone a la conciencia humana su divina interpretación de los libros Sagrados?

Pero poniendome en otro plano, en el de que la divinidad dé libertad para interpretar la Biblia, resultaría que no habría religión que fomente más fanáticos que ésta, pues cada uno supondría verdadera su manera de entenderla y muy difícil sería, por la variable condición humana, que coincidieran varios hombres en su interpretación. No está mal, dice Jaime Balmes, que se presenten fanáticos en medio de una religión, sino que ella los forme, que los incite.

La Historia no hace otra cosa más que informarnos del grado que alcanzó el fanatismo protestante de los siglos XVI y XVII en que sus partidarios condenaban las ciencias por impías, los reyes por delegados de «la prostituta Babilonia» y hasta los sacerdotes por «servidores de Satanás».

Pero ha de observarse en estos datos, consignados por O'Callaghan, historiador protestante, que no se opone esta especie de fanatismo, tomado como ejemplo, a otras religiones en un sentido de valoración de dogmas, sino que, antes de establecer una comparación teológica, emprende el ataque en el territorio de la moral.

Todavía más sobre este aspecto: recuérdese que los socialistas contemporáneos tienen algunos antecedentes en el libre examen; y sus partidarios, como Juan de Leyden, que se hacía llamar a sí mismo Rey de Lion, o Menzer, quien descubre, basándose en las Escrituras, que éstas ni consagran títulos de nobleza ni las grandes propiedades, son contrarios a la natural igualdad de los fieles. Aquí también se sustenta un criterio ético de oposición. En cambio, el moderno protestante norteamericano, también tomando la Biblia por respaldo, es conservador y capitalista, estableciendo aristocracias de raza y obligando en nombre de una moral, que nada tiene de bíblica, a que la población negra tenga sus *parsons* del mismo color de piel.

También el catolicismo ha sido un fanatismo moralizador cuando salió de las catacumbas (tabernáculos que se oponían defensivamente a la inmoral orgía romana), al batir de los cascos de los caballos de Constantino, que acababa de vencer en Maguncia, y entraba por el puente Milvio de Roma con el lábaro en alto. Un año después, tras el edicto de Milán, se apresuraban los nuevos arquitectos a hollar con sus plantas el templo griego fabricado, para que sirviera de residencia a la divinidad a que estaba consagrado. Y destruyendo las desnudas estatuas, por impúdicas, despegando de las paredes las placas de mármol, construían con estos despojos un mausoleo a su nuevo concepto moral, representado por la fe del mártir o la pureza sexual del asceta. El cristianismo se había extendido entre la plebe ignorante, incapaz de apreciar los últimos brotes de la cultura romana, como la arquitectura de las Termas de Caracalla. El autócrata bizantino deja que el furor iconoclasta, hijo del fanatismo, se desborde en el instinto revolucionario que proclama la implantación de un régimen social, más duro en su moralismo que el precedente, por el método de la destrucción del mundo helénico-romano. Por eso Justiniano arroja de su imperio a los últimos sabios y artistas del período que fenecía y ordena el cierre de las escuelas que todavía funcionaban en Atenas. Gregorio el Grande, para no ser menos, quema la Biblioteca Palatina.

Pero aquel conjunto de dioses, cuyas efigies de mármol son destrozadas en el nombre del dogma y la moral cristiana, predicados por los Apóstoles, se venga en ciertas frases estoicas que se deslizan en la obra de San Pablo, lo mismo que el concepto filónico del *logos* en el Evangelio de San Juan, y en la literatura apologética de los tres primeros siglos en donde se descubre la filosofía griega junto con el pensamiento cristiano. Era tan potente el soplo helénico, que el destructor fanatismo, lejos de hacerlo desaparecer, se le adentraba hasta el cerebro. El mismo Taciano el Sirio, que escribe tratando de ridiculizar a los filósofos paganos, no puede hurtarse al influjo de ellos. Los edictos de León el Isáurico, que ordenaba el culto iconólatra, no triunfaban hasta después de un siglo de vandalismo furibundo y de matanzas.

El fanatismo es por un lado agitación imperialista destructora: tal es su aspecto *negativo*. Pero también tiene un valor social en su forma *positiva*, porque es capaz de construir sobre las ruinas del viejo fanatismo destruido, un nuevo concepto de la cultura, gracias a que cuenta con el esfuerzo, laboriosidad y pujanza de la colectividad en que campea.

En el islamismo se palpan los dos aspectos. A la muerte de Mahoma se proclamó por Abu-Bekr, en Medina, la guerra santa. Fanatizadas las masas por los cantos del muezin y las promesas del Koram, se expanden las hordas árabes quemando y matando gente ya en el África, ya en los mismos Pirineos. Pero pasan los siglos de esa locura destructora y empieza a nacer la época de una acción pacífica que suscita los descubrimientos en botánica y medicina, en teología y humanidades, y los arquitectos islámicos, desde Egipto hasta España, pueblan el terreno conquistado con mezquitas de cúpulas de oro, minaretes de filigrana y arabescos sin principio ni fin. El fanatismo que cabalgó a través del desierto a los oasis, entre los ayes de los heridos y la luz cárdena de los incendios, y que era la concepción antisocial y anticivilizadora que se oponía destructoramente al cristianismo, se vuelve creador de una nueva cultura científica y artística.

También el medievo cristiano, cuando discurrió su movimiento negativo, tuvo un fanatismo constructor, una vez que había pasado la moral intransigente de un Saturnino, que condenaba radicalmente cualquier comercio sexual, incluso el del matrimonio, y exaltaba la virginidad y el ascetismo. Es el día que advierte San Bernardo que en el corazón del pueblo está muriendo el concepto de lo agresivo; esa edad en que el *credo ut intelligan* se invierte y que a Dios, a pesar de estar la iglesia en guardia y siempre dispuesta a lanzar el anatema, se le empieza a tratar con una familiaridad que raya en el insulto, pues era exclamación corriente decir «Dieu sur un asne» cuando un sacerdote, montado en un asno, llevaba la Hostia; esos siglos en que alguien, al defender el *Roman de la Rose* designa con palabras sagradas a las *partes corporis inhonestas*; a mediados de aquel cuatrocientos en que Jean Fouquet toma como modelo de su *Madona de Amberes* a Agnes Sorel, la amante del Rey Luis XI; aquella época en que Nicolás Clemanges se lamentaba como medieval Jeremías, de que era muy tibia la fe, y de que la concurrencia a la misa en los días festivos era escasísima, y que en lugar de seguir otorgando un lugar preeminente a Cristo en el culto, eran los santos los que tenían mayor número de fieles, dándose el caso, cuando murió Santo Tomás de Aquino en Fossanova, durante su viaje a la corte papal, que tuvieran los monjes que hacer desaparecer el cadáver cortándole la cabeza, cosiéndolo y preparándolo, ante el temor de que desapareciesen sus restos en las manos del populacho cazador de reliquias; durante esos siglos fanatizados, del XI al XIV, se construye aunque la fe cristiana pura ha sufrido alteraciones y el pueblo y la nobleza adolecen de un exagerado fanatismo, y los hechos milagrosos se multiplican de tal manera que Juan Gerson se ve obligado a exclamar que nada hay tan peligroso como la devoción ignorante, y la iglesia de Dinamarca prohíbe a todos, bajo pena de excomunión, decir que ha habido milagros en esa diócesis, ya general, ya particularmente, sin una investigación y aprobación dada por la autoridad apostólica y consagrada.

No obstante estos esfuerzos por impedir ese desborde fanático, el espíritu y la fe popular llenaban de ángeles y diablos, espíritus de muertos y santos, presagios y fantasmas la pletórica vida de minucias cotidianas.

Años más tarde, en pleno renacimiento italiano, se descubre idéntica situación en las cartas que escribe el pudibundo Lutero cuando visita a Roma, en las que decía escandalizado que el pueblo teme mucho más a San Antonio y San Esteban que al Cristo, porque aquellos castigan con las llagas, y porque los italianos cuando van a la iglesia dicen: «Vamos a conformarnos con los errores del pueblo».

Pero es en este ambiente donde empieza a formarse el concepto del mundo y la vida del siglo XX. En esas épocas es cuando el monje escultor de la Orden de Cluny empieza a tallar las columnas de las iglesias de Souillac o los angelillos de la catedral de Chartres. Y del movimiento reformador de esta orden a la *Benedicti regula*, fundada por Benito de Nursia, tipo básico de la vida monástica, surgen pensadores como Anselmo y Lanfrac del convento de Bec; y desde los de Claraval y San Víctor se emprendió en el siglo XII la guerra contra la escolástica. De esos monasterios de Cluny salieron prelados y papas de la más poderosa inteligencia. El mismo abad Suger no sólo es el arquitecto de Saint Denis, sino que, gracias a su poderosa mente, gobernaba a Francia a través de Luis VII. El fanatismo destructor encontraba un nuevo cauce, ahora constructivo, a su dinamismo religioso. Nacía el estilo románico y el pensamiento escolástico, encerrado originariamente en la enseñanza de las siete artes liberales, en que dividió el conocimiento Marciano Capella por el siglo V en su libro extrañamente denominado *Las bodas de Mercurio con Filología*. En manos de los maestros de la Escuela toma la Gramática el calificativo de reina de las ciencias, porque explicaba los poetas y las obras científicas, encerrando en sus cánones de versos latinos el sentir y pensar corrientes, para después, durante la enseñanza de la Retórica, hacer ejercicios de estilo que preparaban para el conocimiento jurídico, leyendo las fuentes romanas, y el arte de escribir cartas y redactar testamentos. El *trivium* culminaba con la educación del entendimiento y el aprendizaje para la discusión por medio de la dialéctica. De ella nacen el amor al silogismo en Santo Tomás y las sutiles discusiones de la escolástica decadente, tales como saber si Jesucristo y María habían tenido a su lado un invisible Ángel de la Guarda o si cuando aparezca el anticristo lo tendrá, o, como en el mismo aquinatense, si el maleficio que produce la impotencia es causa de la anulabilidad del matrimonio.

Después era el estudio del *cuadrivio*. En un principio, tanto las matemáticas como la música se impartieron superficialmente, aunque desde el siglo XI los textos son más amplios y la teoría más profunda, aprendiéndose en la aritmética, además de su propio objeto, el curso de las estrellas y su interpretación en relación con el destino humano; la astronomía servía para fijar el horario y los calendarios; la zoología se ocupaba no sólo de los animales reales sino de los fantásticos, y en los huertos de los conventos, los monjes herborizaban haciendo la botánica.

No faltaron profundos pedagogos como San Jerónimo, que se adelanta por siglos al fundador del moderno *kindergarten*, Froebel, cuando dice que los niños de corta edad han de aprender jugando, y que la enseñanza de la lectura debe hacerse con letras de bulto ya sean de boj o de marfil; también Luis Vives, que ya casi pertenece al Renacimiento, poniéndolo en boca del Emmanuel de sus *Diálogos*, dice que la escuela se llama juego; Raimundo Lulio, condiscípulo de Dante en la Sorbona, da en su novela *Blanquerna* recetas de puericultura.

Junto al arte, la filosofía y las ciencias, el fanático medievo tiene en la literatura popular de las canciones de gesta, romanceros, sagas, cantos de los eddas, de los escaldas y juglares, una de las mejores demostraciones de que no sólo es destructor. Las narraciones prosadas o en verso, de tradición oral o escrita, brotando inmediatamente de la vida y de la historia de aquellos hombres, pletóricos de agitación, constituyen un vivo acervo de leyendas en donde se formará la poesía heroica, que en sus formas más puras será relatada en las festividades y reuniones masculinas a estas palabras de los trovadores: «Escuchad, señores; dejad a un lado el tumulto, acercaos a mí y rodeadme, los que queráis oír».

Los tonos de aquel mundo tienen su resonancia en nuestra moderna época de escepticismo científico, que, con burla en el ánimo y palabras despreciativas, sólo ve el dato negativo del fanatismo, sin pensar que constituye una fuerza pujante, creadora, que debemos reconocer como necesario antecedente de nuestra civilización actual, que suplanta la forma religiosa por el fanatismo económico-social, tan imperialista, agresivo y destructor como aquel, y, quizá, en un momento dado de su evolución, también creador en el incesante devenir de la humanidad.

Pero si no se comprende el arte ojival sin ejércitos de albañiles que coronan las iglesias con las más audaces agujas; si no es posible hablar de fanatismo sin hacer referencia a numerosos grupos humanos que se contagien entre sí, motiven y exacerben la agitación dinámica, destructora o constructora, de su intransigente imperialismo; si este es un fenómeno sólo concebible en estrecho parentesco a una colectividad, también florece en esas épocas otro hecho entonces *individual* por excelencia: el misticismo.

El misticismo

No es del misticismo filosófico o doctrinal, como propósito para desarrollar el sentimiento religioso, incapaz de poseer el carácter de lo maravilloso sobrenatural, propio de la vida afectiva; no es, repito, del método propio de los ingenios intelectualistas que se entregan a estudios más o menos profundos para acercarse a la Divinidad, de lo que he de ocuparme.

Tampoco escribiré sobre el misticismo teológico, que pretende basarse en lo misterioso del acontecimiento y rechaza el análisis crítico, para encajar el fenómeno en el orden sobrenatural propio de una teología dogmática.

Mucho menos llama mi atención el estudio de las causas psicopatológicas de la vivencia mística o su pretendida relación con el instinto sexual y tal o cual insuficiencia de las glándulas endocrinas. También hay que evitar opiniones a lo Víctor Cousin, que califica cualquier filosofía religiosa, que es un poco oscura, ininteligible y sentimental, de misticismo.

Es el místico en cuanto puede representar un valor para la sociedad lo que constituye el objeto de la segunda parte de este ensayo.

El hecho místico es innegable. Durante el siglo XIX el psicologismo positivista y otros sectores negaron la veracidad de su existencia, atribuyéndolo a supersticiones o supercherías. Pero colocándome en el terreno más positivista posible tengo que afirmar la existencia de libros de autores de diferentes países y épocas, razas y religiones, como *Las moradas* y *Caminos de perfección* de Santa Teresa de Jesús, *El viaje del espíritu hacia Dios* de San Buenaventura, *La explicación mística del Arca Santa* de Hugo San Victor, *Las siete armas espirituales* de Santa Catalina de Bolonia, *El tratado del amor de Dios* de San Francisco de Sales, *El Yoga Sastra*, el sistema místico del fabuloso personaje hijo de Brahama, Kapila, las sectas de los Bitinies que explicaban el Koram místicamente, como Abunabas Benalarit, Algacel el árabe, autor de la *Vivificación de las ciencias religiosas*, el Coxairi y el alegorismo místico del *Sepher Ha Zohar*, la doctrina del judío neoplatónico Filón, las obras de Raimundo Lulio influenciadas por el misticismo árabe-español, y tantas otras de autores de los cuales ni he oído hablar.

Todos, con detalles más o menos, palpitan en un hecho: el misticismo.

¿Cómo es posible negarlo?

Serán discutibles las causas, las explicaciones e interpretaciones, pero es evidente su existencia fenoménica. Además, son dos cosas distintas *creer* y *vivir* a Dios como algo suprasensible. El escéptico religioso puede no creer en el absoluto, pero el místico lo vive.

Sentada la posibilidad del misticismo, se hace necesaria una cierta aclaración previa entre este y el ascetismo, porque, en ocasiones se confunden, dice Pedro Sanz Rodríguez.

El misticismo se presenta, a veces, de golpe: pero este estado, en otras, puede derivarse de la práctica voluntaria y racional de reglas que varían desde la contemplación de la belleza que embelesa y excita con gran violencia, que es lo que prescribe Plotino, hasta las prácticas corporales de un imán musulmán o un sacerdote hindú; en otras ocasiones basta el cumplimiento de prescripciones que imponen determinada vida espiritual para obtener la perfección mística.

La ascesis es un producto que supone el haber tomado una decisión. La traducción de su raíz griega, da claridad a su significado: *ejercitarse*.

Algunos teólogos cristianos diferencian tres etapas ascensionales del ascetismo: una del comienzo, otra en donde se reconoce un avance y la última es la perfecta, pudiendo en ella darse el estado místico. En la primera época, los practicantes han de irse sacudiendo paulatinamente de las pasiones y purificándose de los pecados. Por eso se llama a este esfuerzo la *vía purgativa*. En la segunda deben considerarse los puntos dogmáticos y la redención de Cristo: esto se llama la *vía iluminativa*. Por último, en la tercera se han de ejercitar los aprendices para lograr la unión con Dios. Tal es la *vía unitiva*.

Ahora bien, los teólogos polemizan en torno de la ascética y la mística, afirmando unos que difieren *esencialmente*, mientras que otros dicen que son momentos de una misma evolución.

Sin pretender seguir las razones que aducen ambos bandos, me inclino por la siguiente solución, que, quizá, no esté muy de acuerdo con las sustentadas oficialmente por el cristianismo: es indudable que la práctica ascética puede hacer desembocar a un sujeto en el éxtasis místico, pero no es coronación necesaria de los esfuerzos hechos en las vías purgativa e iluminativa.

Establecida esta diferencia falta considerar otro aspecto del ascetismo y el misticismo, que viene a completar la escisión entre ambos: ¿puede un asceta, designando con esta palabra no al monje que encerrado en un convento hace vida monacal, sino a los anacoretas y ermitaños, que son los que, a mi modo de ver, cumplen con el estricto significado de tal concepto, puede, vuelvo a decir, ser tomado como místico?

Indudablemente que la ascesis es un estado afín al misticismo, confundiéndose a menudo, pero aun cuando han solido considerarse idénticos, nacen en realidad de dos condiciones distintas. La afinidad consiste en que de vez en cuando surgen coetáneamente, es decir, que un asceta es al mismo tiempo místico. Pero esta coincidencia no es necesaria.

El asceta se persuade de la necesidad de practicar la vía purgativa para vivir un ocio que, aunque doloroso por el hambre y el frío, es beato, como el discurrir de la vida de San Onofre, que, sin usar más vestido que su propia cabellera y un taparrabos de hojas, se alimentaba con un par de racimos de dátiles que desgajaba de una palmera muy cercana a su semiderruida choza.

El anacoreta busca el desierto, como Blanquerna, o el árabe Ismael de Almería, que seguía la doctrina ascético-mística, de Abenmasarra y vivía a orillas del río Pechina. Ahí encuentra el reposo de la mente y el cuerpo. Y no sólo va a purgar sus pecados sino que trata de huir de la tentación, escogiendo los páramos y montes, seguro de que nada le estorbará en sus prácticas, pues ni hay vanidades ni asechanzas mundanas. Sólo podrán presentarse las de la carne en forma de pensamientos o deseos *admitidos*. La única comunión que puede producirse entre el asceta y la colectividad sería la imitación de aquel. Y esta clase de imitación es poco valiosa por la religión egoísta que practica el eremita.

Pero hay la otra forma: la del monje que se encierra en el claustro, haciéndolo así, porque es más fácil y seguro apartarse de las ocasiones de pecar, dejando las mujeres, el dinero y las armas al otro lado de las rejas conventuales. La *apatheia* significaba ya en las reglas de los monjes griegos un estado, indiferente al mundo, que debían guardar, y el antiguo estoico insensible a las pasiones y sucesos, constituye una especie de asceta pagano. No obstante, el monje es distinto del eremita, y las comunidades religiosas significan un gran valor en la sociedad, como hemos visto al hablar del fanatismo. Pero el ascetismo no es sólo la actitud del ermitaño, sino, según algunos criterios, también la del enclaustrado, cuyas reglas alimentan un verdadero odio al cuerpo, al que es preciso aniquilar, para que no sea obstáculo a la purificación del alma.

El asceta es por un lado valiente, por el otro cobarde. Su moral rehuye el conflicto y la mente la investigación, que es la forma más dura de trabajo. Confía en la pródiga naturaleza, que alimenta todo, resolviendo en el ocio, en la beatitud, en la tibieza y en el abandono, que el quietismo en esta vida le garantice la obtención de la futura, porque el pecado no está en la naturaleza, sino entre los hombres, en la sociedad. Por esto, señor, dice Blanquerna a su padre Evast, estimo más vivir entre las fieras, los árboles y las aves, que no tienen culpa, que entre hombres ingratos a los beneficios que han recibido y reciben de Dios Nuestro Señor.

En la ascesis falta el dolor moral, torturante, y la agitación individual desaparece ante la garantía de su aislamiento. En suma, el asceta encerrado entre los muros de su vida eremítica no es tan solo un extraño a la sociedad, sino que el egoísmo religioso, por razón de su alejamiento, desde el punto de vista social, es un improductivo, un hijo que reniega de sus compañeros humanos, para encerrarse en la tumba de la ascesis y garantizar con piedras y lozas cualquier irrupción que venga de afuera y le impida asegurar la obtención de la vida futura.

San Sisoes tejía cestos para ganarse el sustento; pero, como al llevarlos a la ciudad a veces se encolerizaba porque no hallaba compradores, abandonó el trabajo para no caer en el pecado de la ira.

Pero esto no es lo que predica el Evangelio y, haciendo mías las ideas de Harnack, digo que el cristiano no debe pensar con tibieza y refugiarse en la segura trinchera del ascetismo, sino que ha de lanzarse contra *Mammona* (los bienes terrenales en el más amplio sentido), la codicia y el egoísmo.

Es preferible aquel joven mártir de que habla Jacobo de Voragine, en su *Historia de San Pablo el Eremita*, que tendido en un lecho, atado de pies y manos, es acariciado por una mujer, y como su deseo se exacerbase, antes que acceder a pecar contra su propósito de castidad, se corta la lengua con los dientes, para que el dolor ahuyentase la tentación. Es preferible, digo, esta acción a la de San Simeón el Estilita, por ejemplo, que igual a cualquiera de esos santones de la India, que tanto llaman la atención de los turistas ingleses, se pasó la vida en lo alto de una columna, expuesto al sol y las lluvias, sin tenderse nunca porque le faltaba un espacio suficiente.

El místico llega al éxtasis con la propedéutica ascética; pero Saulo la vivió en el camino de Damasco sin una pedagogía que lo condujese de la mano a ese estado. La mística experimental es más bien una *vida* (los alemanes dirían *erlebnis*), una vivencia, que una filosofía o un aprendizaje. En la paz del alma está viviéndose la presencia de Dios.

Dionisio Cartujano define el misticismo como interna y ocultísima locución de la mente con Dios, no por imágenes de cosas, sino por un sobreponerse a ellas, negándolas, quedando el alma en inacción de todas sus fuerzas aprehensivas y apetitivas, respecto de las cosas creadas, y penetrando la mente en la misma niebla en que se cierne la Divinidad, esto es, extendiéndose y sumergiéndose en la incircunscrita e inaccesible Luz Eterna.

El místico se acerca a Dios en cuanto lo ama desinteresadamente. ¿Qué es lo que amo, dice San Agustín, cuando te amo?

Misticismo es amor dividido en dos etapas: antes del éxtasis es pasión, *amor deseo*; durante la vivencia es *amor posesión*. Naturalmente, concibo el amor místico en un sentido espiritual por excelencia, como contemplación, que no es otra cosa que un acto de posesión centralizado en sí mismo.

El asceta puede, también, llegar a sentir el amor, pero este no es necesario en la ascesis, pues el estado de ánimo puede ser temeroso, de respeto, de sacrificio, de desagravio, pero sin amor. El amor místico es sin esperanza, como no sea de comunión con la persona amada. La más elevada forma del amor de Dios, no está representada por el amor acerca de Dios, dice Scheller, sino por la efectiva participación de su amor por el mundo... y *por sí mismo (amare Deum in Deo)*, es decir, por aquello que los místicos, y antes que ellos llamaba San Agustín *amare in Deo*. Podría pensarse que no es posible emprender el camino del ascetismo sin amor a Dios, con el que se estará eternamente en la otra vida, pero reflexionando, pongo el caso, en el estado temeroso, pienso que es un deseo de no lograr lo que se quiere, y en el ascetismo pueden ser dos los objetivos: o alcanzar la vida eterna en compañía de la divinidad o de huir también del castigo eterno. Pero pueden amalgamarse. En el primer caso hay un amor y una esperanza eudemonística; en el segundo hay sólo la esperanza de salvación, pero sin amor.

En cambio, el místico ama por amar, porque la felicidad consiste en la unión, que no es ni observación ni análisis. La felicidad, dice el P. Scheuer de Lovaina, consiste en poseer y ser poseído, pues amor es la penetración mutua del amante con el amado. Cuando vive el amor-deseo, la esperanza consiste únicamente en la posesión espiritual. Una vez realizada ésta, en el éxtasis se termina toda la intranquilidad beata, no hay por qué esperar algo más; el fin final, la aspiración última, una vez desvanecido de la conciencia cualquier contenido, incluso el deseo de realizar la boda misma, porque ya se esta efectuando, se vive a Dios.

De aquí que a veces el asceta si posee la calidad del amor místico descrito, puede entrar también en semejante catalogación. En pocas palabras diría: la ascesis puede convertirse en misticismo, pero lo más seguro es que el asceta nunca deje de ser más que un simple eremita.

Con estas reflexiones se comprende que tomo parte en la contienda de Duns Scotto y Santo Tomás, porque el éxtasis místico es un *don*, no una virtud; porque ascesis y mística difieren *esencialmente*, no son grados de un proceso evolutivo.

Terminadas estas notas emprenderé el análisis del misticismo.

Éste no es propiamente un fenómeno del cristianismo, pues florecen místicos en todas las religiones, formando una verdadera hermandad, de cuyo parecido ha dicho Menéndez y Pelayo que, desde el Areopagita a Ben-Gabirol, de León Hebreo a los españoles como Teresa de Ávila y Juan de la Cruz, todos suponen, para su comprensión, a Plotino, quien es el que propiamente expone la esencia del misticismo. Pero si este fenómeno es universal, por desgracia me faltan documentos históricos amplios para utilizarlos en la exposición, ya refiriéndome a los budistas o taoístas, semitas o árabes.

En cambio, abunda la literatura acerca del cristianismo, que no en balde es una de las notas esenciales de la civilización occidental; y a falta de otras fuentes, tendré que utilizarla continuamente, escogiendo aquello que es constitutivo del misticismo, es decir, las notas comunes al fenómeno místico de cualquier filiación religiosa, aunque desechando lo específico de su concepto.

Ya en páginas anteriores había adelantado que el misticismo se opone al fanatismo en cuanto que aquel es un fenómeno individualista por excelencia, mientras el segundo es un contagio colectivo.

Efectivamente, la palabra *mística* designa aquella forma de conciencia religiosa en la que se establece una relación secreta entre el hombre, como criatura, y Dios, pues aquella anhela superar en esta vida la distancia espiritual que existe entre él y la divinidad, saltando sobre las limitaciones humanas para lograr la perfecta unión con el Ser, y obtener así el conocimiento de un mundo distinto al que vive materialmente.

La relación es secreta, mejor dicho, *inmanente*, porque el alma al fundirse con lo trascendente, en una absorción amorosa, posee al propio Dios.

Por eso insiste Teresa de Ávila en distinguir el *arrobamiento* del *arrebatamiento*, decidiéndose por calificar el éxtasis con el primero, porque al morir las cosas para la conciencia, ya que se han perdido los sentidos, se vive a Dios en el alma. La misma santa al describir la última como un castillo en donde hubiese muchos aposentos, dice que «en el centro está el más principal, que es donde pasan las cosas de muchos secretos entre Dios y el alma».

Estas consideraciones no inducen al panteísmo, pues aún cuando la misma fraseología de los místicos tenga un cierto sabor de él, a fuerza de expresar la comunión del alma con Dios, no es menos que en realidad sigue suponiéndose la suficiente dualidad entre la criatura y el Creador, seres antitéticos, unidos por la *scholla affectus*.

Sólo en este fenómeno, a mi modo de juzgar, es donde tiene lugar la realización más cumplida del valor religioso, porque el amor, en general, es el valor del ser que quiere al ser, y el amor místico es el del ser que quiere al Ser Supremo, y a su ansia por realizar (amor deseo) se opone la *aniquilación ontológica* de ambos seres en el espasmo místico. Por esto es posible considerar esta especie de unión amorosa como uno de tantos aspectos de la unificación de los contrarios, por la magia de la voluntad (amor-deseo) que exige la presencia de Dios en el alma. Pero el éxtasis se hace consciente sin hacer uso de la actividad intelectual.

De este hecho se concluye que en el acontecimiento místico sólo participan dos seres: un alma y Dios; que realizan, dice Müller, *el valor del ser poseso*.

Pero Dios es trascendente, metafísico, mientras que el alma pertenece a un hombre y, aunque se sienta desterrada, está obligada a morar en el cuerpo; y al constituir una realidad en la vivencia mística, se convierte en algo *óntico*, porque es *realidad concreta*; Dios, en cambio, por ser una *realidad abstracta* es lo *ontológico* por excelencia. Lo *óntico* es el concepto *existencial* del ser; lo *ontológico* es la concepción *esencial* del ser. Y a Dios sólo se le concibe esencialmente, como en la primera parte de la prueba de Anselmo de Canterbury, escapándose en cuanto de su esencia se concluye la existencia *óntica*.

Pero en el acto místico, Dios, como ser *ontológico*, se realiza plenamente en el éxtasis y forma un todo *óntico* con el alma.

En el espacio metafísico podrán acontecer al mismo tiempo varias comuniones místicas, pero son otros tantos individuos, en tanto que hechos *ónticos*, los que se identifican con Dios omnipresente.

Como el fanatismo, cuyo fundamento último es la agitación, el misticismo posee en el *ansia* su nota esencial.

La ansiedad es algo más que anhelo, porque es *ávida*, mejor dicho, *deseo vehemente*, pero sin tonalidad angustiosa, porque el místico confía, necesariamente, en que el supremo Ser se dará. El anhelo se parece más a la esperanza tranquila coloreada con cierto temor; en cambio el *ansia* es apetito violento con la seguridad de satisfacerse. El concepto de *ansia* no se encuentra en la literatura mística, pero se entrevé contenida en sus páginas una vez que se cierra el libro y se han desvanecido las imágenes de las letras y la trama de las explicaciones, quedando, entonces, la impresión de la avidez con que reclama el alma la presencia del Amado; es una reminiscencia de música oída recientemente, de la cual no hay en el espíritu más que una beatitud confusa que, quizás, se produce en el profano revuelta con la delectación estética. No es que la copiosa literatura mística sea una lírica de la ansiedad, sino que es reflejo intelectivo del ser humano privilegiado, en donde se enciende la fascinación derivada de la unión y la apetitividad porque se repitan los éxtasis.

Durante el fenómeno, Dios pierde todos sus atributos, desde el polo místico humano; en vez de ser Creador, Todopoderoso, Omnisciente, Omnipresente, cualidades *ontológicas*, es sólo el Dios *óntico*, amado, visto más allá, por encima de lo físico y lo psíquico, viviéndolo en la existencia.

Igual que en el amor de los hombres, el místico sufre después del éxtasis un rápido *soulagement* de dependencia, una sensación de pequeñez, de absorción por el amado; pero este sentimiento no se produce por el infinito grandor de la divinidad, sino porque es condición que una vez que el ser, objeto del ansia amorosa, se ha entregado, invada al ánimo el tranquilo sentimiento de pequeñez, de comunión satisfecha, de verdadera *annhilatio*.

Ahora bien, hay dos momentos en la ansiedad mística, que ya se han podido entrever, pero que voy a puntualizar: uno, que es ansiedad con avidez, sin ser todavía éxtasis (amor-deseo), y otro, que es ansiedad tranquilizada (amor-posesión), in actu, cuando se vive al Dios óntico *in anima et in corparae*.

Ambos son grandemente importantes y nos llevarán a establecer el valor que significa el misticismo para la cultura.

El éxtasis del místico, además de la nota universal de ansiedad, tiene el pormenor de las ideas que *aprendió antes*, es decir, que su unión amorosa va unida a los recuerdos de la religión a que está incorporado, sumado al grado de la cultura que posee.

Durante la época de la ansiedad pura, antes del éxtasis, el místico procede racional y discursivamente, bebiendo en las fuentes de la civilización en que vive, incorporándose a ésta, sufriendo las influencias de su medio social, artística, científica y moralmente. Por eso, dice con razón Pedro Sanz Rodríguez, «es posible hablar, incluso, de influencias literarias en la mística». Por eso varios de sus exponentes no ocultan la fuente humana y cultural de la doctrina que vierten en sus obras, hechas con posterioridad a la boda mística. Y desde San Buenaventura en *De reductione Artium ad Theologiam* se recomienda en el cristianismo la utilización de las ciencias profanas para la construcción de la doctrina teológica, que, en cada caso, da color específico de tal o cual religión al místico.

En este momento pueden también practicarse las reglas de ascética, como una propedéutica pedagógica para lograr la identificación con Dios por medio de los ejercicios. Hugo de San Víctor y Santa Teresa, recomiendan la lectura de las obras piadosas; San Juan de la Cruz, la meditación; en algunas tribus siberianas se aconseja al joven que desea el éxtasis que se retire a la soledad y vague de noche por los bosques, hasta que los dioses de su tribu o los antepasados vengan a él. Con tales reglas, si es que sirven en el campo de lo sobrenatural, se logra el rarísimo conocimiento de éste en la vivencia privilegiada de los elegidos. Esos métodos preparan la agudización del entendimiento místico hasta lograr su don divino en una intuición *óntica* de Dios.

En virtud de este momento de pulimento cultural, anterior o posterior a la vivencia, es cuando constituye el escogido un valor para la sociedad en que vive. Creo que se podrían especificar tres campos en los cuales su personalidad ejerce una influencia decisiva: el religioso, el moral y el artístico.

Cualquier religión, desde el punto de vista social, representa, en cualesquiera de sus formas, una separación del individuo y del mundo finito abrumado de cargas. Por eso constituye un noble idealismo, que, guardando un parecido relativo con el poeta, hace atravesar al hombre la tristeza de la vida y le abre las puertas de otra estancia más allá del horizonte terrestre, en donde se pone en contacto con el poder ideal. Y la labor de las iglesias consiste en difundir y dispersar estos principios en el núcleo social en que campean. El místico viene a constituir una especie de notario que garantiza la existencia del mundo ontológico trascendente vivido en el éxtasis. De aquí que las religiones tengan uno de sus más fuertes puntales en la literatura mística y defiendan con tesón a sus exponentes de los ataques de la incredulidad del informe que se rinde acerca de lo sobrenatural.

La influencia del místico, en el terreno religioso, se resuelve por la comprensión social a través de un sentimiento simpático en vez de un análisis racional. Así llega a incorporarse en cada individuo la idea de que, gracias al místico, nos hallamos en presencia de conocimientos grandiosos, comunes a todos en *potencia*, pero solo *realizadas* en ciertas experiencias de la vida interior de unos cuantos: los elegidos.

Ahora bien, uno de los criterios para establecer el valor de una religión y de lo que significa en una cultura, ha de ser necesariamente una moral, es decir, una de las funciones de la moral es aclarar el valor encerrado en una religión determinada. No todo el mundo estará de acuerdo con esta teoría, por ejemplo, los cristianos estrictos; y se argumentará que el único criterio de validez religiosa es la autenticidad de la revelación divina. Si yo siguiese un juicio semejante caería en el peligro de un dogmatismo. Además, el problema de la autenticidad siempre se impone como dogma que rechaza, de soslayo, el desmenuzamiento histórico.

Toda cultura de hecho (histórica) impone ciertos deberes (contenidos) a la acción humana, constituyendo un determinado código moral, que solo vale en relación con la época en que fué creado. Entonces surge el problema de cómo y en qué medida el hombre ejecuta esfuerzos para cumplir con esas normas. En este punto de la cuestión, es cuando se descubren las relaciones entre la religión y la moral, consistentes en una acción y reacción mutua, porque no solo es la primera la que influye en la segunda, sino que ésta, inversamente, reobra en el carácter y contenido, religioso, estableciendo entonces una línea de conducta al hombre. De ahí el valor atribuible a una religión cualquiera que supone la norma ética (que en sí es profana, a-religlosa) que, en un principio, aparece nebulosamente en la conciencia religiosa y poco a poco se logra dibujar de manera precisa por ésta.

El místico influye en el doble aspecto de la moralidad; tanto en el que he llamado profano, como en el religioso; de esto concluyo su grandiosa significación en el territorio ético de la religiosidad.

Pero si en este campo la influencia de la obra del místico es importante, hay que tener en cuenta cierta nota de relatividad al momento y cultura histórica en que aparece. Efectivamente, las evoluciones de los contenidos morales (normas éticas concretas que, aunque suponiendo la validez intemporal de la norma pura o esencia, poseen el dato histórico contingente), impiden que la influencia ético-religiosa del privilegiado traspase de su lugar y época a otras edades y países. Así el concepto moral de Fray Francisco de Osuna, expuesto en su *Abecedario espiritual*, difiere del de Ben Gabirol.

En cambio, la universalidad del místico de cualquier momento hay que descubrirla en su cultivo del valor santo (Dios) que, como esencia última y causa teleológica de su ansia, sirve de fundamento a la intuición vivencial del éxtasis que nos narra en su obra.

En otras palabras diría que, aparte de los datos específicos de cada místico, tales como la religión a que pertenece, estructura histórica en que vive, cultura a que está incorporado, elementos todos que varían, por encima de éstos hay algo supremo, transhistórico y suprapersonal que es común a todos: su ansia por Dios, su estimación por un Ser Supremo, su amor por el Amor.

Religiones hay muchas, en cambio lo Omnisciente es uno; las religiones son un conjunto de creencias, sentimientos, reglas y ritos, ya individuales o colectivos, que *suponen todos un poder absoluto*, del cual depende el hombre y con el que está en relaciones personales. La religión es, dice Grandmaison, la conversación del hombre con Dios, pero todas ellas tienen como rasgo común *un solo contenido ontológico-fenoménico: el concepto de Dios*. Lo mismo el panteísmo budista, que realiza un acto religioso ante lo absoluto, que el cristianismo, con su Dios personal, coinciden en este fundamento.

Razón tenía San Agustín cuando afirmaba que no hay religión que no contenga parte de verdad. Por eso se ha dicho, también, que no hay religiones, sino una religión.

El místico se eleva a la universalidad y se hace superior al genio científico, cuyas hipótesis pueden ser superadas en algún momento por otras, porque representa el cultivo del valor central: la esencia de lo divino. ¿Puede concebirse otro valor superior? Si es conceptuado lo santo como lo perfecto, y el místico apunta a él y está contenido en tal valor, ónticamente, concluyo que esa universalidad valiosa de que hablaba no puede ser ni más grande ni suprema, y los demás valores humanos están por debajo del santo, dándose su conocimiento verdadero en la intuición mística de Dios, *fuera de las categorías del humano conocer racional*.

Existe otro campo en el que desarrolla el místico un papel gigantesco: en el estético.

Es cierto que también pueden laborar hombres en el arte sin tener, ni lejana ni cercanamente, una relación con el cultivo de los valores religiosos. No es, pues, patrimonio exclusivo del místico el ser artista; no obstante, es tan grande su aportación en esa actividad, que se hace imposible que no reflexione acerca de ella.

Tomando en cuenta que el hombre aislado es un mito; que al vivir en sociedad se establecen interacciones e influencias entre ésta y aquél, hay algunas formas de arte que encierran la característica de mayor individualidad, en cuanto a su realización técnica. Tales son la pintura de algunas épocas y civilizaciones, música (exceptuándose los conjuntos sinfónicos), literatura, grabado y escultura. En cambio la arquitectura, por ejemplo, es inconcebible sin la cooperación hacendosa de muchos, dándose, por eso, los mejores florecimientos en tiempos fanatizados.

Con respecto a la pintura religiosa ya se sabe que es abundantísima. Algunos de sus artífices sintieron ese tema porque fueron místicos. El dominico Fray Giovanni de Fiesole pinta para nuestra delectación la *Escala de Jacob* tal como la vio en alguno de sus éxtasis. Y si es cierto que usando el estilo gótico, corriente de aquella época, logró casi interpretar las aspiraciones místicas, alcanzando su expresión máxima en lo pictórico, imprimiendo un sello de celestial inmaterialidad, como en la pálida Virgen de la Estrella, monjeril y recatada, que parece estar suspendida entre rayos de sol con actitud tímida y cariñosa cuya mirada extática ya se habituó a la penumbra de los claustros, con pupilas plenas de dulzura, si es verdad, repito, que la pintura del pincel de Fray Giovanni tiene un sello de misticismo tan profundo que se le eleva a la categoría de Beato Angélico, también pienso que no es esta clase de arte el vehículo más adecuado para lograr la expresión estética de la intuición mística.

Otro tanto digo de la escultura, aún de la policromada de un Martínez Montañés, que encierra girones divinos en un leño, como el Cristo de la catedral de Sevilla, del cual prometió el artista que tendría «la cabeza inclinada... mirando a cualquier persona que estuviese orando al pie de él... como que le está el mismo Cristo hablando...»

Jan Luyken, el grabador holandés que ilustro una edición protestante de la Biblia, al mismo tiempo que raspa con el buril sus planchas de cobre, va predicando el evangelio donde quiera que llega, y aunque su obra es de una vehemencia mística feroz, no obtiene la perfecta expresión que cualquier página de Juan de la Cruz.

Es en la literatura donde el místico encuentra el campo propicio para narrar el ansia amorosamente tranquila del éxtasis. Por eso dice Schiller: «no hay límite ni vínculo alguno para mí. Mi reino, verdaderamente inmenso, es el pensamiento y mi alado instrumento la palabra».

Las artes plásticas sólo pueden hacer un uso muy limitado de los fenómenos. Por eso escogen los hechos sensibles de la naturaleza y la vida humana. Pero, ¿cómo exponer lo suprasensible careciendo, incluso, de analogías sensoriales para ilustrarnos?; ¿cómo pintar o esculpir el Dios que se *vive* ónticamente en el amor místico?

La palabra, por el contrario, puede decir toda esa multitud de hechos, combinando con la mayor facilidad los objetos del orden suprasensible con las imágenes y analogías de los conceptos subjetivos. A esto hay que añadir la condición del poeta (condición estética) que sensibiliza su objeto por expresar en los versos, gracias a la mayor e inteligible claridad de la que dan de sí las palabras corrientes, pues el poeta usa la palabra esencial, dice Heidegger.

Ahora bien, la expresión literaria posee múltiples carices desde la novela romántica, un poco anodina en cuanto a lo que significa como valor extrínseco para la colectividad, hasta la de tipo social, que puede escalar la suprema significación estética siempre que coordine su valor contenido (condición extrínseca) con el valor continente (forma intrínseca).

La literatura mística procura obsequiarnos la contemplación por medio de los elementos inteligibles por sí propios, el lenguaje corriente, de lo suprasensible por excelencia, que ha sido vivido en la inmanencia ansiosa del autor. Y todos los sentimientos e impresiones, los afectos y las disposiciones removidas por la intuición de la belleza, nos lo muestra tal como los vivió en su ánimo.

Es cierto que la mayoría de ellos están de acuerdo en que hay una diferencia entre sus verdaderas vivencias y las palabras con que las expresan. Por eso, dice Hugo de San Víctor, esto puede sentirse, pero no expresarse; y Ángela di Fologno, después que leyó el relato de su éxtasis, se negó a aprobarlo, porque no correspondía con exactitud a su visión. Pero esto nada más constituye un *cassus contientiae religioso*, y desde mi punto de vista, no interesa semejante escrupulosidad de autor literario-religioso. Páginas adelante se verá el por qué de ésta opinión.

La literatura mística expresa la intuición del Verbo, de Dios, como algo *suprarreligioso*; y si su manifestación es adecuada, es decir, que la imagen del Supremo Amor nos la entrega el místico con toda veracidad, esplendor y justeza en sus escritos, entonces es cuando la mística se convierte en arte, en verdadera literatura. Éste es el segundo aspecto del valor social que posee el misticismo. Su obra es universal no porque trate de darnos una visión del Ser supraterreno -esto también es posible encontrarlo en cualquier teodicea-, sino porque envuelve su visión mística del supremo valor santo con los ropajes de las categorías estéticas.

Pero hay que distinguir, desde el tribunal de lo que significa para la cultura, varios momentos en el místico, que tienen sus paralelos en el tiempo antes del éxtasis, durante éste y después.

La actitud previa, cuando está bebiendo en las fuentes de la civilización a que pertenece, es en algunas ocasiones hasta peligrosa para la cultura, porque absorbido por la religión a que está afiliado, si ésta anatematiza la ciencia y lo discursivo, se convertirá también en la opinión del místico, y atacará con violencia (notas de un ambiente fanatizado) todo aquello que no pertenezca al círculo de ideas dimanadas de su fe religiosa.

Así, Fray Luis de Granada en su libro *De la oración y meditación*, censura «la curiosidad del entendimiento, porque esto, dice, ocupa tiempo, inquieta el ánima, derrámala en muchas partes y así impide la devoción».

En la segunda etapa, cuando se da el éxtasis, tampoco significa, todavía, un valor interesante para la sociedad, pues durante este momento no puede comunicarse dialogando con los hombres, ya que está absorto en la beatitud del arrobamiento que hace olvidar todo, incluso el sufrimiento físico y no hay facultades sensoriales. (Santa Teresa ya las hace desaparecer en la sexta morada, cuando sucede el levantamiento en la unión, pero las vuelve a resucitar en la séptima, aunque como visión intelectual, no física.)

Esta forma de conocimiento místico es un fenómeno de intuición estrictamente irracional e inmanente. San Francisco de Sales en el *Tratado del amor de Dios* dice que el alma, cuando está en presencia de Dios, cesa de discurrir, y la dulzura del Esposo hace inútil el discurso del pensamiento; de la memoria no tiene ninguna necesidad el alma, porque está presente su amado; tampoco hay imaginación porque ¿qué necesidad tiene el alma de representarse algo si ya se está en presencia de lo que se quiere? Sólo se siente, sin percibir, el bien incomparable de tener a Dios presente.

Todas estas determinaciones hacen suponer que el éxtasis del místico constituye una esfera a-cultural, o si se quiere, precultural, pues todavía no se extrovierten ni historializan los bienes ético-religiosos ni estéticos.

Acontece lo último hasta el tercer momento, cuando sus facultades en suspenso nuevamente se ponen en juego y empieza la comunicación dialogada con el lector de ideas. El místico es entonces capaz de dictar un relato de lo que ha vivido, aunque, como ya dije, insiste en que hay diferencia entre su abrazo amoroso y los pensamientos y palabras mediante las cuales trata de narrarlo. Pero por otro lado afirma que las experiencias están en armonía con las enseñanzas de la religión que profesan. Y Harold Höffding pone el dedo en la llaga cuando considera que es un enigma cómo se convencen los místicos de la armonía del contenido de sus vivencias con lo que enseñan las iglesias, toda vez que aquellas diferían tanto de la descripción. Por eso decía antes que es más bien un caso de inconformidad artística de autor.

Pero dejando a un lado estas discusiones, subraya el hecho de que es en esos momentos de expresión literaria cuando el místico se convierte en un bien cultural y representa un valor universal en la literatura, y de un simple estático y contemplativo se convierte en activista, como lo califica Sanz Rodríguez.

Es entonces cuando la alegría, que siempre hay en las páginas místicas, se contagia a los lectores comunicada por la fuerza expansiva de una delectación estética que rompe todos los moldes, por la vitalidad que encierra, nada menos que la vida en Dios, que significa el más alto valor, autoridad y señoría por encima de cualquier otro, pues rompe los marcos, incluso los de las religiones, creando nuevas formas de la intuición de lo divino, en las que el entendimiento y sus categorías se separan de cualquier definición humana del conocimiento. Pero no se crea que lo que resta es el vacío, sino que es la conciencia de algo que excede a los sentidos y a la realidad que conocemos, pero que es existente ontológicamente, en el infinito.

Por eso hay que librarse de todo lo que es imagen y sentido si se quiere acercar uno a Dios y aceptar su mismo dicho: *Yo soy el que Es.*

La mística es una planta individual que sólo crece con lozanía en la estufa religiosa; mas una vez que ha florecido, álzase gigantesca, descollando por encima de las cúpulas de San Pedro de Roma o el Boro Bodur de Ceylán, más allá de las mezquitas, sinagogas y templos de porcelana, expandiéndose entre los hombres que claman como Yehuda-Ha-Leví en su himno a la creación, que debe leerse el día del ayuno judaico:

> Hizo bajar la gloria de su trono
> Hasta el santuario de sus pies estampa,
> Y levantó al profeta hasta las nubes
> Donde vela su faz de resplandores.

El místico descubre a Dios cuando vive en Él. Las religiones al hacer la anatomía teológica y apologética de sus libros, convirtiendo en dogmas sus intuiciones *ónticas*, apenas si captan el odor espiritual del Ser supraterrestre, ahogándolo con mirra e incienso entre los muros de la racionalidad.

Epílogo

He llegado al fin de este ensayo y aunque continuamente he venido estableciendo una valoración, se asoma espontáneamente a mi conciencia una pregunta: si misticismo y fanatismo son fenómenos que aparecen en el discurrir de los tiempos ¿qué significan en el presente y cuál es su valor?, ¿volverán en el porvenir?

Es evidente que han subsistido a través de la civilización, presentándose en determinados períodos. Esto demuestra que, bajo la trama superficial de los hechos, hay un fondo más íntimo que los ha motivado, haciéndolos revivir en ciertos momentos en que la vida sufre intensamente la ansiedad y la agitación.

La vida social está ligada a dos sentimientos: uno *teológico*, que en los problemas referentes al *qué es el hombre* y *cuál es el sentido de la vida humana*, se resuelven posteriormente a la elucidación de la esencia de lo divino, explicándose en y por la divinidad; el otro sentimiento es el *humanístico*, que busca sin auxilio de un absoluto, el sentido existencial de la vida humana. En el primero la preocupación se encamina a la obtención de una vida espiritual futura. En cierta forma es una manera de ser egoísta, entendiéndola sin desprecio ni con estrechez. En cambio, durante las épocas en que se persigue la utilidad propia junto con la ajena, constituyéndose un egoaltruismo, es cuando florece una concepción humanista.

Esta última tiene algo del altruismo porque radica en la comprensión amorosa de la esencia humana. Tal concepción ha sufrido a través del tiempo ciertos estacionamientos porque surge, entre ella y los sentimientos teológicos, una época de transición cuyo juicio es de valor y se sitúa en un plano de puritanismo ético.

Esto, descrito de paso, es un problema intenso e inexplorado acerca del cual pienso escribir otro día.

Cuando la humanidad vive ese momento transitivo de lo teológico a lo humanístico, se rechaza la piedad y la caridad, haciendo descender a los hombres a un nivel inferior de incomprensión. Pero entonces, de los fondos ignorados de la conciencia colectiva, surge, por reacción, desprendido de la compensación, el humanismo, elevándose más de lo que tal vez se habría elevado si no se hubiese turbado el curso regular del devenir social.

El humanismo, tomado en el amplio sentido de la palabra que olvida el concepto que lo reduce al retorno de lo antiguo, el humanismo como intranquilidad que se ocupa por inquirir ontológicamente al hombre, hace de éste el centro de su concepción universal, y se convierte en altruismo, como fenómeno de compensación, polarizando la creación artística y la investigación científica a la vida.

La aparición del humanismo toma siempre, como momento de oposición social, un aspecto apasionado y limitado al estudiar el hombre que vive.

En cambio las épocas más atormentadas por el afán metafísico han sido las más fuertes y apasionadamente místicas, tomando el fenómeno un contenido religioso, opuesto al social o político propio del humanismo.

En realidad, el misticismo y el fanatismo religioso constituyen un fenómeno inicial que atestigua una exuberancia de vida, que a veces llega a la anormalidad, naciendo en medio de una tempestad emotiva y pasional.

Pero hay otras clases de fanatismos que no son religiosos, como ya puse de manifiesto en las primeras páginas de este libro.

Esa clase de fanatismos no pertenecen a la época teológica y metafísica, sino al egoaltruismo humanista. Después volveré a ocuparme de éste.

Los pueblos incapaces de sentir cualquier clase de fanatismo, pueblos *afanáticos*, son gente vieja que posee una inteligencia, todo lo amplia y serena que se quiera, pero frío el corazón. Y el pensamiento solo, no es creador; necesita del resorte más fecundo que es el ánimo apasionado.

Por eso digo que durante el misticismo que es pasión, y el fanatismo religioso que también es pasión, o en cualquiera de las otras formas fanáticas, entonces no religiosas sino humanas, es cuando se conciben los grandes jalones de la Historia.

En el fondo de cualquier movimiento fanático hay el sentimiento del mejoramiento de lo humano. Pero antes de que advenga una etapa de humanismo y tome la línea recta hacia la estimación de la vida, pasa por varias formas, diferentes entre sí, a veces inferiores una a otras, las cuales están formadas en un ángulo visual estrecho y apasionado.

En todos los fanatismos, incluso en el religioso, no solo hay una tendencia hacia un porvenir mejor, sino que hay anticipaciones geniales. Por eso dejan en la humanidad una huella indeleble hasta en los tiempos en que parecieron no comprenderlos y los despreciaron.

Ahora bien, entre las etapas teológica y humanista la diferencia está en que la una deja un fuerte sedimento emocional que despierta una vibración metafísica elevada y superior, sin que se realice nunca su aspiración, a lo menos en esta vida, mientras la otra se resuelve, al final de cuentas, en investigaciones científicas cada vez más polarizadas a lo humano; después de éste simple saber se mejora la técnica, y, por último, se determinan nuevas formas económicas de la sociedad que vienen a suplantar las caducas.

Nuestra época es de humanismo, y tiene en la filosofía vitalista o existencial (humanismo trascendental) su filosofía propia. Las nuevas concepciones sociales piden grandes sacrificios y exige el apasionamiento fanático apuntado al vivir humano. El que tiene el espíritu abierto a todas las ideas, el que tiene un corazón variamente impresionable, encuentra en sí mismo y en su pensamiento la suficiente pasión para satisfacer y compensar, con un juicio que nada tiene de metafísico, el dolor social.

La pasión del fanático contemporáneo, llena de dolor y comprimida ante la injusticia económico-social, corre por los campos del ideal, sí, pero convertible a la facticidad, absorbiéndose en la realidad de la vida, todo lo egoísta y prosaica que se quiera, pero nuestra vida al fin.

La edad futura se inicia con un movimiento social que tiene del fanatismo religioso idéntica agitación, imperialismo, ánimo guerrero e intransigencia, pero en vez de ser egoísta es egoaltruista; en vez de ser metafísico es existencial, teniendo de la religión la fe inmensa que conmueve y exalta, y de la ciencia la convicción reposada y tranquila que planifica, dice Mannheim, el futuro de la sociedad.

El misticismo necesita de una tierra propicia que hoy no se descubre. Los místicos contemporáneos son falsos místicos. Pensar, como Pascual Rossi, que a principios de este siglo creía en un renacimiento místico (epidemia mística la llama él), me parece equivocado. En el porvenir del occidente (y el mundo se occidentaliza cada vez más), aparece muy alejada la posibilidad de su resurgimiento. El misticismo que «fue» es valioso. El fanatismo que «ha sido», también ha sido valioso. El fanatismo «por ser» será valioso cuando cree nuevas formas, ampliando las ya existentes; porque educa a las multitudes en aquel sentimiento de lo humano que parecía privilegio de unos cuantos que creyeron obtener en el bienestar económico una tranquila eudemonía.

¿Pero hasta que punto el fanatismo actual se parece a los de épocas pasadas?

Por lo pronto salta a la vista un hecho: las colectividades fanatizadas de antaño estaban constituidas por hombres adultos, maduros de cuerpo y espíritu; en cambio el presente fanatismo económico-social hace sus prosélitos en la juventud.

Tanto se ha repetido en el mundo, pudiera ser que por una influencia de conceptos americanos, que el dinamismo juvenil es más valioso que el sedentarismo del hombre macizo, que los dirigentes de la sociedad han vuelto sus miras a este sector, creyendo descubrir en los jóvenes el alma poderosa que expanda y respalde las enseñanzas de un credo determinado.

En otras épocas el fanático, de constitución eminentemente sentimental, era el hombre que ya habiendo constituido familia, adquirido obligaciones morales y con un criterio sentado, tenía impulsos de defensa o ataque contra lo que combatía a su fanatismo. La exigencia de una plenitud de facultades físicas y volitivas impedía a los jóvenes que emprendieran el rescate de la Tierra Santa o la conquista espiritual de los indios del Perú o la Florida. La mayor parte de los derechos europeos todavía otorgan la calidad de ciudadano al hombre de veintitrés o veinticinco años, porque hasta entonces se le concede una capacidad suficiente para ser responsable.

El fanático pionero, verdadero «fabricador de humores», que contagiaba a las colectividades, debía ser un hombre de fe en sus propias ideas, pues de otra manera no lograba imponer su imperialismo exacerbado.

El caso de Savonarola es típico; sus falanges infantiles rechazaban la intervención de los adultos, aunque hubiese alguno que se agregaba a ellos.

Pero este alejar lo que no fuese niño se debía a que las ideas del monje estaban en contradicción con el ritmo de vida que imperaba en el Renacimiento, y las personas maduras, salvo que se infantilizasen, no aceptaban esa forma de combate porque había un conflicto entre su manera de ser, inserta en el paganismo del momento, y las prédicas de Savonarola.

A este último no se le puede restar su característica de fanático honrado, en cuanto que lo que predicaba era la expresión de su pasión antihumanista, porque su espíritu estaba proyectado religiosamente en el medievo.

Este hecho histórico adquiere un interés que los sociólogos no han de olvidar, pues debe estudiarse como el antecedente aislado de las *giovinezza* contemporáneas, aunque, naturalmente, discriminando lo que hay de nuevo y diferente con respecto a ese dato del ayer, pues nunca se entenderá lo actual partiendo del pasado si no se quiere penetrar en éste con el propósito de entender el presente.

Por lo pronto me basta señalar que el predicador renacentista era un conservador que miraba a lo anterior y en las épocas actuales todo es una planificación para el futuro.

Nuestras ansias no se sitúan en la actualidad con relación al pretérito, sino que se pierden en la aspiración hedonista de un porvenir mejor, ya para el proletariado o la raza aria.

El superhombre que predijo Nietzsche, es la honda expresión de un ansia que se iba formando desde mediados del siglo pasado. Pero Zaratustra poseía cualidades de profeta; en cambio los fanatizadores actuales, que son adultos, están muy lejos de poseer ese don misterioso con visos de una cierta religiosidad.

Efectivamente, los dictadores o los líderes contemporáneos manejan científicamente las armas de una psicología colectiva para fanatizar a las muchedumbres, substituyendo su propia fe en la tesis que quieren vulgarizar, por una técnica fría, científica y deshonesta, ya que les falta ese *élan* de convicción irracional y creencia en el valor de sus propias ideas.

El dictador sabe que cuando el hombre está convertido en masa se le encuentra gravemente expuesto a las explosiones irracionales, a las regresiones psíquicas, a los sentimientos impulsivos y a las sugestiones. No obstante, si este punto de vista de Le Bon es cierto, también lo es que muchos individuos pueden escapar al contacto; la misma irracionalidad puede, en un momento oportuno, reaccionar, olvidando el motivo fanatizante.

Las masas fanatizadas, en lugar de estar constituidas por hombres de *igual madurez reflexiva* a la de los pioneros fanatizadores, están formadas por jóvenes de edad, cronológicamente hablando, o bien por hombres de mente juvenil, psicológicamente dicho, o, ya sea porque no tengan la suficiente cultura y sufran el retraso intelectual correspondiente, ya porque la especialización del trabajo o actividades en general a que se dedican, les hayan reducido su campo de comprensión.

La razón de que se emprenda la conquista sentimental de la juventud, hombres todavía no organizados, comprendida en esta doble forma de jóvenes por edad y jóvenes por raciocinio, es muy sencilla: si se logra construir un espíritu sectarista, con medios irracionales, en esta clase de individuos, con las teorías que se les imponen, hoy tendremos propagandistas y mañana continuadores de la obra iniciada.

Por esto vemos que se ha emprendido una verdadera carrera para lograr adeptos desde las escuelas, disputándose la carnaza juvenil los distintos partidos y doctrinas económicas, que no son otra cosa que distintas soluciones políticas de una economía planificada.

Porque es el caso que la razón fundamental de cualquier teoría contemporánea, ya se la disfrace de un altruismo social, como en el socialismo, ya con ciertas tonalidades religiosas, como en el falangismo español o en la encíclica *Rerum Novarum*, permanece como causa suficiente un propósito económico, siempre teniendo en cuenta a determinado factor o capa social en detrimento de las otras, constituyéndose, aunque sea en teoría, una *élite* (proletaria, falangista, nazista, etc.), *estrictamente política*, enderezada a la solución económica. Estas *élites* no son intelectuales y precisamente por eso, no realizarán las funciones científicas, estéticas y religiosas que son las que dan expresión a las energías vitales de más importancia, gastándolas nada más en la diaria lucha de la economía doméstica. De ahí que una nación que impida desarrollarse a la *élite* intelectual será muy endeble de constitución, pues no podrá dirigir el proceso cultural ni aumentar su poder creador. Toda *élite* intelectual, por exclusivista y cerrada que sea, deja un relativo resquicio que reparte en la masa social nuevas incitaciones que enriquecen a todos. Pero si la investigación se limita a las fronteras de una teoría, si el arte solo debe estar al servicio de una causa, si la religión olvida su esencia para irrumpir en los terrenos sociales en esta forma doctrinaria, en verdad no existe ninguna *élite* intelectual, sino un triste remedo de escaso rendimiento, porque le falta el elemento dinámico que constituye el cimiento: la *acción*, que yo llamo intencional, que consiste en realizar el fin implícito en la misma acción, sin irrupciones de otros fines extraños al que se pretende alcanzar. Así el valor sociológico de la *élite* intelectual ha de regirse por la idoneidad social de *quiénes y cómo producen*. Carlos Marx se ha vengado ampliamente; ¿será que su filosofía ha dado el tono y la sociedad lo ha seguido? Pues si es verdad que su pan-economismo es falso, tal parece que los hombres contemporáneos han hecho esfuerzos para cumplir con las pretendidas leyes de la dialéctica materialista, simplificando todas sus aspiraciones axiológicas en el valor útil, en el valor de lo económico, olvidando que es la sociedad la que esta involucrada en la cultura misma y que al mismo tiempo la va creando en cada instante.

Pero casualmente porque es falso el pan-economismo marxista (esta época en que la política interna y externa de los estados y las doctrinas de los pioneros converge a lo económico) porque está apoyado en un principio equívoco y de dudosa solidez, tarde o temprano hará fracasar el actual fanatismo en cualquiera de sus expresiones: la rusa o la alemana, la italiana o la española, la inglesa o la americana, sustentadas en una masa constituida por hombres de tipo medio, cuya consabida inferioridad intelectual adquiere validez social por su incondicionalidad y peso (como masa) a la tesis de los fanatizadores; además, el hombre medio (el *das man* de Heidegger) se halla cada vez menos atenido a su propio pensar y a su propia expresión, al decir de Huizinga;

de aquí que la masa acate dócilmente la autoridad del juicio ajeno.

Pero no es esta la sola causa por la que cualquiera de esas formas fanatizantes puede fracasar. La principal ya habrá podido entreverse y consiste en que las masas fanatizadas son precisamente juveniles, en vez de estar constituidas por adultos.

El joven es emocional ante todo y su fantasía está en pleno desarrollo, desbocada; tiene, además, una inclinación a exagerar sus vivencias; si a esto agregamos que es la etapa psicológica del inmanentismo, del autoanálisis, de la introversión, la «época de plena reserva y secreto», y que es cuando se empieza a fundar el conocimiento de la propia personalidad, estableciéndose comparaciones con los individuos con quienes se convive (de ahí la rebeldía contra el medio, que se juzga en cierta forma despectivamente), es fácil concluir que arraigará con entusiasmo en las mentes juveniles cualquier idea que halague su instinto aventurero, su romanticismo y rebeldía, su honestidad y su nobleza, pues el joven huye del conocimiento comprobado, que exige saber pensar, porque sólo quiere vivir y actuar en planes de exagerada trascendencia y que garanticen la felicidad.

¿Qué mejor que defender fanáticamente la doctrina que asegure el bienestar de toda la humanidad o cuando menos de su raza o nación?

Naturalmente que este deseo de humanitario altruismo, por su amplitud, puede tomar cualquier cariz, desde el religioso que invita a comportarse en esta vida conforme a ciertos cánones, por ejemplo el respeto a la propiedad privada porque la instituyó la divinidad, hasta el anarquista que rechaza toda solución metafísica para confiar sólo en las fuerzas humanas.

La pasión juvenil se desarrolla al contacto de cualquier idea que exija un sacrificio caballeresco y romántico, pues sus inclinaciones nobles se dirigirán a lo que, sin análisis previo, supongan como más valioso y adecuado para ese fin.

Y nuestro actual fanatismo es esencialmente destructivo de la mente juvenil, pues en lugar de obtener una racionalización, por un plan de vida estudiosa, como en otros fanatismos, mantiene al joven alejado de su verdadera actividad, desarrollándole una fe en las soluciones milagreras y fáciles, haciéndole renunciar a sus descargas vitales de acción, interesantes para la cultura y la sociedad. ¡Los jóvenes de hoy son tristemente explotados por la economía de los maduros y una solución política de cualquiera! Uno de tantos subterfugios es la desviación de la juventud hacia el deporte, que es una prescripción, como dice Buytendijk, determinante de cómo tiene que ser ejecutada una acción, por lo que se forma en el deportista un hábito de gregarismo. Y el deporte no es juego, y la esencia del juego no puede explicarse más que por la esencia de lo juvenil, que es indirección (Spranger dice que el único carácter de la adolescencia es no tener carácter, porque es transición sin estado fijo), ausencia de gobierno, espontaneidad en oposición a la regla. El deporte hace adulto al joven y es un medio para encerrarlo más fácilmente en la celda de un fanatismo cualquiera. De ahí que las dictaduras actuales, con el pretexto de crear una raza fuerte, exijan una juventud deportista en vez de permitirle jugar.

Pero es el caso que en muchas ocasiones el joven sufre posteriormente un cambio al llegar a la madurez, y si es cierto que su personalidad ya tiene un claro dibujo, también lo es que sufre ciertas modificaciones que determinarán, ya de manera fija, su manera de actuar.

Si esto no fuese verdad el mundo habría sido siempre griego o romano; la rígida estructura del medievo, por ejemplo, no impidió que productos humanos educados y fanatizados en un cierto orden de cosas, reaccionasen en un momento dado hasta convertirse en opositores del viejo régimen. El caso de Renato Descartes es muy conocido; educado por los jesuitas de La Fleche, sacude la filosofía escolástica y aunque de ella le quede el residuo de su racionalismo y de otros elementos, conforma un nuevo sistema que en el fondo, por teísta y espiritualista que se le califique, constituye una clara oposición a la philosophia perennis; otro tanto es el caso de Voltaire y del mismo Spinoza, arrojado de la sinagoga judía por heterodoxo.

De ahí que yo no crea que el fanatismo económico-social contemporáneo tenga un momento constructor como los pasados; cuando mucho creará una burocracia aristocratizante de partido político, con la característica de poder militar, para impedir la libertad de los más y la democracia.

Le faltan muchas notas, además de ser distinto en lo que se refiere a la calidad de su contenido humano. Entre otras cosas, anda escaso de honestidad, sobre todo en los pioneros fanatizadores, pues si hay alguna época escéptica, en cuanto a fórmulas sociales para lograr el bienestar colectivo, es el momento presente. Ningún adulto que posea cierta preparación histórica, aceptará sin más que tal o cuál *ismo* constituye la salvación de la humanidad. Podrán en algunos casos disfrazar el *ismo* con razones sentimentales, como el amor a la patria, el orgullo de raza o el respeto por una religión determinada. Esto es lo que vemos en muchas naciones que esgrimen el racismo o la tradición.

El fanatismo actual sólo ha sido destructor de los viejos valores, algunas veces alterándolos, desfigurándolos, pero no ha sabido proponer otros más valiosos. Y los valores no se construyen de la noche a la mañana; se necesitan grandes esfuerzos, enmarcados en muchos años, para lograr su concepto, y de más tiempo, todavía, para realizarlos.

¿Qué será lo que descubra la futura estimación de los jóvenes fanatizados por cualquier secta?

Nada puede preverse ni afirmarse, pero lo más congruente con el análisis anterior, es que el fanatismo económico-social de todos los *ismos* sufra un colapso, quizás, un regreso, porque la lectura de la Historia nos informa que hasta lo que en apariencia es nuevo viene a ser, a final de cuentas, un elemento compuesto de hechos pretéritos, capaz de convertirse a su vez en componente de realidades ulteriores; de aquí que sucede en la vida social lo que Pinder llama la «coetaneidad de los no coetáneos» y determine, en algunas ocasiones, los más grandes trastornos, porque luchan entre sí dos conceptos diversos de la vida.

Así las mutaciones que hoy estamos sufriendo no tienen un carácter enteramente nuevo, sino que, como dice Juan de Mairena, el personaje creado por Antonio Machado, «los polvos de hoy siempre tienen de aquellos lodos». Efectivamente, la centralización creciente de la voluntad colectiva, bajo la bandería de un partido dictatorial, que pudiera estar al frente del estado o luchando contra él por adquirir el poder, se halla constituida por el deseo de reprimir la democratización social, esa aspiración trunca del siglo pasado.

Los dirigentes de la democracia contaban con la estupidez e impreparación de las masas para mantenerlas alejadas de toda acción política; es decir, que si la solución política y legal de la democracia establecía una igualdad de los ciudadanos democratizándolos, por otro lado las capas dominantes contaban con la impotencia de las mismas, nulificando de esta manera la teoría en la práctica.

Pero si este es el elemento del ayer, o sea la sociedad liberal, hoy, que es polvo de aquellos tiempos, aunque combatiendo en teoría a la democracia teórica, se sigue aprovechando a la incapacidad de los más (a los que se ha agregado el elemento juvenil) para dirigir políticamente la solución social de una tesis disfrazada con los ropajes de un ángel salvador del caos en que nos había hundido el liberalismo y el cosmopolitismo del siglo XIX.

Pero es el caso que el antaño demócrata y liberal preparaba el advenimiento de las actuales formas dictatoriales y fanatizantes, en la opinión de Mannhein.

Por eso me abstengo de vaticinar la solución de la tensión contemporánea, para concluir que las cosas llevan un desenvolvimiento distinto, muchas veces, del que se piensa; y en una de esas, el fanatismo actual será también constructor y capaz, en algún momento, de volverse a unir con esencias religiosas que produzcan la aparición de grandes místicos.

Nietzsche y Calicles

Es fácil descubrir las contradicciones del genio; pero encontrar su unidad es lo que ha de preocupar al investigador. Esto lo realizaremos al comparar las tesis del sofista Calicles y el filósofo de Röcken. Anticipo que en mi opinión difieren; por tanto, me opongo a la que ya ha formado criterio unificado, que afirma que Nietzsche no hizo más que repetir ideas de veinticuatro siglos de senectud. Se dice que tomó su obscuridad expositiva del fenomenalismo de Heráclito. Que su criterio de verdad se basa en el antropologismo protagórico. Que de los estoicos toma la teoría de la muerte voluntaria, lo mismo que de los escritos órficos entresaca la idea del eterno retorno. En una frase: es imitador de los sofistas y escépticos. Para otros, Nietzsche sería el paladín del libre pensamiento y, a través de los tiempos, su más vigoroso expositor.

Si la última opinión la creemos exagerada, se rechaza por insulsa la primera. Además, en lugar de concluir contrariamente a él, partiendo de sus pretendidas copias o imitaciones, vemos en ello motivos de alabanza. Teófilo Gomperz cita la definición que Alejandro Bain ha formulado sobre el grande hombre: un gran hombre son muchos hombres en uno. Platón, por ejemplo, puso a contribución a sus predecesores, Tales y Filolao, Jenófanes y Parménides, Timeo y Sócrates, y del mismo Pitágoras recoge su amor a las matemáticas.

Si aplicamos estas conclusiones a Nietzsche, agigantaremos su obra y respetaremos al pensador. Pero para lograr un mejor desarrollo del tema empezaré por el griego, que ocupa prioridad en el tiempo.

Calicles es generalmente catalogado entre los sofistas, aunque por respuesta que da a Sócrates, casi al final del diálogo en que es interlocutor, podemos suponer, y con razón, que es retórico.

Comencemos ahora el análisis de su tesis. Al reconvenir Calicles a Sócrates que, con pretexto de buscar la verdad en cuestiones propias de un declamador, establece una diferencia entre lo bello según naturaleza y según ley (recordaremos que se confundía lo ético con lo estético), dice: «...en la mayor parte de las cosas la naturaleza y la ley se oponen entre sí».

Establece, pues, Calicles, dos órdenes de cosas: la naturaleza y la ley. Después nos informa que ésta última, hecha por los hombres, es propia de los muchos y más débiles, o, con sus palabras, es obra de «los más débiles y del mayor número». Así el producto social «ley» es una consecuencia de cierta reacción defensiva, que tiene únicamente en cuenta «a sí mismos (los débiles) y a sus intereses», despertando el temor y respeto en los fuertes gracias a los castigos. Por tanto, la justicia es algo inmanente a la ley, que, al tener como causa un sentimiento egoísta, defensivo, es artificiosa y tambaleante. Así logran los más, que son débiles, rebajar a los fuertes, y aplicarles el mismo rasero, siendo la igualdad la piedra angular del Derecho, o ley de los débiles. Su transgresión es ofensa a la justicia.

«Pero la naturaleza demuestra, a mi juicio -dice Calicles-, que es justo que el que vale más, tenga más que otro que vale menos, y el más fuerte, más que el más débil». A la igualdad legal, se opone la desigualdad natural; el débil, por el hecho de serlo, está supeditado, es inferior al fuerte; el dato biológico (porque hasta estos momentos tal parece que el griego se refiere al superior físicamente) establece un derecho: el de la naturaleza. Esto implica una avaloración superior sobre el razonamiento egoísta de defensa.

La Historia se ha encargado, si no de consagrar, indudablemente de ratificar la tesis del retórico. Sobre todo, en lo que respecta al trato entre las naciones. Bástenos recordar el Tratado de Versalles, causa de la guerra actual, que, como dice H. Wells, quiso ser vindicativo y ejemplar cuando, en realidad, es insincero e inadecuado. Oponiéndose al ideal de justicia basado en la igualdad, propone Calicles una justicia natural para «que el que vale más, tenga más que otro que vale menos».

Frases adelante, comienza a puntualizarse la teoría del hombre más fuerte, pero ya no en un sentido físico, sino intelectual; lo que se acaba de afirmar cuando Calicles acepta de Sócrates que poderoso, mejor y fuerte expresan la misma idea. De esta manera si el dotado de grandes cualidades, echase por tierra las trabas de la igualdad consagradas en leyes escritas, y de esclavo se convirtiese en dueño, como Heracles al robarse los bueyes de Gerión, que le pertenecían por ser el más fuerte y el mejor, ejecutaría un acto de natural justicia. Implícita a esta teoría está la idea del superhombre.

Ahora bien, este superhombre tiene una concepción naturalmente griega, que vamos a tratar de dibujar. Son las actividades que mayor respeto producen a los helenos: la poesía, la crítica, la filosofía, la magistratura, ser ciudadano y atleta, ejercitar el cuerpo, el ingenio y el gusto. Todas ellas, con excepción de la filosofía, dan la estructura de un espíritu cuyos deseos y esfuerzos están limitados en un espacio y por la luz de un sol coetáneo. Las ideas del griego son excesivamente claras y elaboradas en un módulo actual. Lo universal no les atañe, o a lo más, les preocupa sólo a medias. No hacen del futuro una preocupación intensa. Su memoria es cosa distinta de la nuestra, porque en su conciencia faltan el pasado y el porvenir.

Lo que el griego llama Cosmos (aquí entra la filosofía que antes había dejado de lado) era la imagen de un universo que no va siendo, sino que es. Por consiguiente, era un hombre que nunca fue siendo, sino que siempre fue. Esto es lo que ha obligado a Spengler a calificarlo de *ahistórico*.

Sus preocupaciones, por tanto, son las de aquí y las de un ahora.

El superhombre sería aquel que ejercitase con éxito sus miembros, ingenio y gusto; reuniese en él mismo veinte géneros de talento; fuere soldado sin degenerar en autómata; bailarín y cantor sin convertirse en figurante de teatro; pensador y letrado sin sentirse hombre de biblioteca y gabinete, decidiese los asuntos públicos por la fuerza de la elocuencia, honrase a los dioses sin encerrarse en las fórmulas de un dogma ni abismarse en la contemplación de una divinidad universal e indefinida.

El superhombre griego es algo demasiado humano. No nace para hacer mejor la humanidad, sino para imponer la justicia natural en sus coetáneos. El futuro no tratará de superarlo. La inteligencia que ejerza será aplicada a la solución de problemas que le son actuales. Abandonará toda recalcitrante adición de total siempre equivocado. En pocas palabras: concebirá al superhombre en el momento en que vive, que vivía, como compañero de Calicles.

De lo concluido también podemos seguir el desprecio de la ciencia que husmea en el presente para fundamentar la del futuro, que, por tanto, es algo que aspira a ser; y por lo que respecta al odio a la democracia, cuya primordial ocupación consiste en fortalecer para mañana al estado en bien del ciudadano, es algo absurdo. ¿Es de aquí de donde partió Nietzsche? ¿Es éste el origen de su superhombre? ¿De aquí el desprecio a los más (la canalla) y más débiles? ¿De esto calcó su antipatía a la democracia y la ciencia?

En Nietzsche no hay sistemas, pero hay ideas, lo que vale más. Sus libros están compuestos de aforismos, que igualan en perfección a los moralistas franceses del siglo XVIII. Aborda sin método la moral o la historia, la estética, el análisis psicológico o la impresión literaria. Por eso es tan difícil la lectura de sus obras. La parábola es su instrumento favorito. Espíritus superficiales lo tachan de contradictorio, lo que no es sino prueba de su gran actividad espontánea. «Se reprochó cierta vez a Zaratustra -dice- que contradijera hoy lo que enseñaba ayer. Y Zaratustra respondió: porque ayer no es como hoy».

Después de una tercera o cuarta lectura de sus obras, descubrimos la médula: es un filósofo de la vida. «Yo amo profundamente a la vida, y más aún cuando la detesto», exclama en su maravillosa metáfora del Canto del Baile. (*Así hablaba Zaratustra*)

En la vida fundamenta su tesis epistemológica. «La mera falsedad de un juicio no es para nosotros una objeción contra este juicio. La cuestión es ésta: ¿hasta qué grado fomenta la vida, eleva la especie, incluso quizá depura la especie?»; y en otra ocasión dice: «entre las condiciones de la vida pudiera estar el error».

Para Nietzsche, la vida es el fin de la acción, pero no como algo biológico, sino como una vida y acción valiosas en la cultura, históricamente desarrollada. En este mismo sentido, la filosofía de la razón vital de Ortega y Gasset, o la metafísica de la existencia de Heidegger, guardan un estrecho parentesco. Ortega habla de una vida en el sentido de autobiografía, de acción y realización de fines valiosos; Heidegger, otro tanto, exhibe el anonimismo existencial de «un tal hombre», verdadero borrego de panurgo, que vegeta en una existencia sólo preocupada, pero sin la palanca de la angustia. Pero hay otro objetivo para Nietzsche más que predicar en la voluntad de vivir, cuando se ofrece en holocausto de los tipos humanos supremos, estableciendo así una de las facetas de su pensar ético. «El hombre es una cuerda tendida entre la bestia y el superhombre». «Lo grande del hombre es que es un puente y no una meta; lo que se puede amar en el hombre es que es un tránsito y no un acabamiento».

Este ideal no será alcanzado por los que viven; serán los hijos de sus hijos los que realicen la selección de una especie superior, el superhombre. Ahora es perfectamente visible la enorme diferencia entre el superhombre de Zaratustra que se engendró en un futuro, y las ideas de Calicles que lo establece en un presente. Para el primero será, para el segundo es.

De esta manera, con ayuda de Dionisos, traducía el sentimiento activo de la transformación de todas las cosas y seres, la participación subjetiva en la voluntad ansiosa de crear, mezclándose a la rabia de la lucha. Porque solamente la acción es incentivo en Nietzsche. «Yo no aconsejo el trabajo sino la lucha. Yo no os aconsejo la paz sino la victoria. La guerra y el valor son más grandes cosas que el amor al prójimo». Por eso ama la vida porque es lucha, sinergia, voluntad de vivir. Y enaltece esta actuación como la suprema y más heroica condición del hombre.

El bien máximo, el sumo bien, es la vida misma, pero no enferma o degenerada, ni persiguiendo el conocimiento o la felicidad, sino la sana, que él llama «la más honda, la más esencial». Parodia a Schopenhauer, estableciendo que la esencia de todo ser es impulso y voluntad. «Zaratustra no se enoja tampoco con el que sana, cuando éste mira con cariño sus ilusiones y vaga a medianoche en torno de la tumba de Dios; pero sus lágrimas siguen siendo enfermedad y cuerpo enfermo». «El cuerpo sano, el cuerpo pleno de ángulos rectos, habla con más lealtad y más pureza; habla del sentido de la tierra».

Defiende una virtud libre de moralidad, aunque establece su ética en el ideal por realizarse del superhombre (sano y sin trabas morales), por medio del simple hombre que tiene el poder de dirigir la evolución a la meta, a pesar de todas las trabas, y como puente entre el animal y el superhombre.

¿Qué es, entonces, para Nietzsche lo bueno? Todo lo que aumente en el hombre el sentimiento de poder, la voluntad para el poder, el poder mismo. ¿Qué es lo malo? Los fracasados que deben sucumbir incluso contando con nuestra ayuda; todo lo que proceda de la debilidad. Hasta la compasión hacia ellos es nociva. De esta manera todos los instintos que fomentan la vida son buenos, los que la menosprecian, malos, «¡Despreciativos del cuerpo: aún en vuestra locura y en vuestro desdén servís a vuestro ser propio!»

De aquí, dos distintas estimaciones morales: la de la clase dominante y la de los dominados, la moral de los señores y la moral de los esclavos. El hombre distinguido crea valores, y, ante todo, está su sentimiento de poderío, «lo que me pertenece es en sí perjudicial». El hombre aristócrata saca espontáneamente de su propio «yo» la idea fundamental de lo bueno y, por antítesis, la de lo malo. «Preguntad a los esclavos cuál es lo malo y señalarán al personaje que en la moral aristócrata es bueno, es decir, el poderoso, el dominador». «Sólo hay deberes para con los iguales», establece, y para con los seres inferiores se puede obrar como se quiera. En la moral de los esclavos vemos una saturación de utilitarismo, de donde procede la fórmula de libertad, igualdad y fraternidad, mas no en un sentido helénico sino como resultante del resentimiento plebeyo de la Revolución francesa. De ahí su odio al judaísmo y al cristianismo, que elevan a las muchedumbres, a los plebeyos. «Los judíos son un pueblo levita rencoroso por excelencia, un pueblo con singular genio para la moral plebeya».

Interroga en su *Anticristo*: ¿qué es más nocivo que cualquier vicio? La piedad de la acción con los fracasados, el cristianismo... «Los judíos se vengaron de sus dominadores por su radical mudanza de los valores morales, es decir, con una venganza esencialmente moral y espiritual». «...echaron por tierra la aristocrática ecuación de los valores: bueno, poderoso, hermoso, feliz y amado de Dios. Y con encarnizamiento y odio afirmaron: sólo los desgraciados son los buenos; los pobres, los ineptos, los pequeños son los buenos». «Sabido es quién recogió la herencia de esta apreciación judaica»: el «cristianismo que ha sostenido una guerra a muerte contra el tipo superior del hombre, que ha censurado todos los instintos fundamentales de este tipo, ha destilado a estos instintos del mal, al malo; el cristianismo ha defendido todo lo que es débil, bajo, fallido, ha hecho un ideal de la oposición a los instintos de conservación de la vida potente; esto ha corrompido la razón de las naturalezas más intelectuales, poderosas, enseñando que los valores superiores de la intelectualidad no son más que pecados, extravíos y tentaciones. Llamo corrompido ya sea a un animal, ya especie, ora individuo, cuando pierde sus instintos, cuando elije y prefiere aquello que es perjudicial». Es, por tanto, el cristianismo algo corrompido en la moral nietzscheana.

En medio de esta sociedad moderna, de esta masa uniforme y monótona, formada de almas estrechas, comprimidas por odios sordos, aparece el grande hombre como estupenda anomalía de la naturaleza, un monstruo inexplicable, exótico, lleno de peligros, algo extemporáneo, animal inclasificable de las viejas edades burguesas.

Por eso la democracia se abroga ser portavoz de esferas sociales de decadencia y reclama con indignación el derecho, la justicia, la igualdad, hallándose bajo la impresión de su propia incultura, que no sabe comprender que sufre porque es ínfimo, y es necesario achacarle a alguien la culpa de su debilidad. En toda queja hay una dosis de venganza, se reprocha a cualquiera su malestar, en ciertos casos, hasta la propia bajeza, como una injusticia, como un privilegio inicuo, a los que se hallan en condiciones diferentes. Afirma Nietzsche que la lógica con que se hace toda revolución social se basa en lo siguiente: «desde que soy un canalla, tú también debes serlo».

Pero, ¿cuál es la causa de tales actitudes? «Una palabra contra las recientes tentativas para hallar el origen de la justicia en otro terreno muy distinto, en el del resentimiento». Resentimiento que trastoca a los valores. Idea que sirvió a Scheller para escribir su ensayo sobre el *Resentimiento en la moral* en donde, como es natural a su posición cristiana, defiende al cristianismo y ataca al socialismo.

Calicles habla de dos órdenes, el hombre inferior y el superhombre, y de una moral escrita y otra natural. Nietzsche divide la humanidad en plebeyos y aristócratas. Pero el superhombre todavía no vive, será el hijo de nuestros hijos, pertenece al porvenir. El parecido es aparente. Ya puse de manifiesto el vivir actual del heleno, y el futuro del alemán. Las dos razas de Calicles están completas en el momento presente. Las dos nietzscheanas son incompletas, porque la selección que producirá al superhombre es de mañana. Los dos aspectos morales del primero son forzosa consecuencia de su visión a-histórica. Y la moral de esclavos y aristócratas se impone para no malograr el producto por venir, el superhombre. Si el hombre fuerte se acoplase al débil, se haría más problemática la culminación de la selección. Por eso es malo el débil, el inferior. Por eso es bueno el superior. Pero es bueno en tanto que es el puente para engendrar al superhombre.

La moral escrita de Calicles tiene como origen el deseo de anulación del predominio de los más y más débiles porque sojuzga al fuerte. La moral de los esclavos es venganza, resentimiento, del inferior, del incapaz, contra el destinado a la paternidad de un ente supremo. Y, si este parecido aparente entre la tesis del retórico y la del filósofo, queda demostrada por las anteriores comparaciones, es también ficticia la del odio a la cultura.

Calicles desprecia la ciencia porque iguala el rasero humano. Nietzsche la deturpa, la ataca, porque la decadencia -recuérdese la crisis cultural alemana de 1870 al 80- retrasa la realización de su ideal. Odia a la ciencia porque es un desbordamiento de erudición infecunda y pedantesca, en particular la historia, que propende a encontrar racional todo lo histórico; odia la tendencia a la democracia porque crea en masa establecimientos públicos llamados de cultura que nos proveen a lo sumo de filisteos. Arremete contra la civilización, porque ésta sobreestima los lados materiales, entre los cuales cuenta el político y el utilitarista.

Así eleva esta imprecación nihilista, porque los inferiores, los débiles, los no predestinados, nunca podrán saturarse de las verdaderas sales del saber ni se preocuparán por engendrar al superhombre.

«Porque la vida es una fuente de alegría, sabe Zaratustra; pero donde la canalla va a beber, todas las fuentes están envenenadas». «Me gusta todo lo limpio, pero no puedo ver las bocazas grotescas y la sed de los impuros». «La fruta se pasa y se vuelve empalagosa en sus manos; su mirada es viento que seca al árbol frutal». «Y lo que más se me atragantaba no era saber que la vida misma se halla necesitada de enemistades, de muerte y de cruces de mártires. ¿Cómo? ¿La vida tendría necesidades también de la canalla? Muchas veces he llegado a hastiarme del ingenio, cuando veía que también la canalla era ingeniosa».

Así hablaba Zaratustra.

Nuestro sentido del ridículo

Al habitante de la altiplanicie, en múltiples ocasiones, se le tacha de contemplador y desidioso. Esto no es otra cosa que inhibición de sí mismo ante la posibilidad de ser ridículo. En muchos momentos deja de hacer, porque al autoanalizarse en su actitud, o incluso pesar el mismo fin que persigue, ya no descubre la superioridad o nobleza que había creído inmanentes al acto.

La paradoja de los héroes nacionales, que se han convertido en tales, sólo en virtud de una propaganda demagógica que los exalta, hace que el mexicano, en general, con mayor razón el intelectual, no crea en sus prohombres porque los conceptúa ridículos. He visto alumnos de una escuela de años superiores sonreír irónicamente ante una escenificación del tormento de Cuauhtémoc.

Pero, por otro lado, esos sensibles juzgadores del ridículo en la historia no se atreven a emprender un combate iconoclasta en contra de los héroes, casualmente por no ser ridículos.

Nuestros líderes de obreros, aunque con los mismos defectos de sus compañeros soviéticos o europeos, huyen de la ostentación y, hasta donde les es posible, practican la humildad, en el sentido de no destacarse del nivel común, porque presienten, más que piensan, el peligro de que sus partidarios, modernos miembros de una feligresía pseudorreligiosa, los hundan con burlas y críticas en el ridículo.

Los paseos y las diversiones públicas son raros; en cambio, discurre la monotonía por las calles citadinas, y en el eterno paisaje de la provincia católica, pese a las tendencias de extremismo social, un cierto tipo de mujer que, a pesar de las exigencias, aspira a no convertirse en algo que sea discordante con el rasero común de una moda seria. Los varones raras veces usan colores llamativos en sus trajes; pretenden ambos sexos, desaparecer en el conjunto anónimo para no correr el peligro de caer en el ridículo. En ningún lugar del mundo la juventud es tan parca y fúnebre en su tocado como aquí. La pobreza, que impide corresponder a las invitaciones o llevar el traje apropiado que hace más visible la jerarquía social, obliga al retraimiento por temor al ridículo.

Por eso el mexicano, aún cuando haya viajado por otros países, incluso los sajones, se admira del turista que persiguiendo una comodidad, viste sin preocupación. Pero esta natural curiosidad del habitante hacia el visitante es distinta a la de cualquier otra nación. No es la sonrisa irónica ante la ignorancia o curiosidad del excursionista inglés o norteamericano, es verdadera compasión por su ridículo exotismo.

La cortesía fijada definitivamente en el verso que dice:

> Cortés y valiente
> como indio mexicano,

no oculta un verdadero espíritu de sociabilidad.

Es una mezcla de timidez y ansia por conquistar un criterio favorable a la misma cortesía, pues no ser tal, es ridículo.

Ese espíritu de homogeneización logra el brusco nacimiento de familias de falsa aristocracia. En cincuenta años dos veces, por otras tantas revoluciones, se han forjado aristocracias. Es incomprensible que un indio humilde de Puebla o Aguascalientes, Zacatecas o Michoacán, posea modales bruscos comparables a los del palurdo de la estepa rusa, de los campos agrícolas franceses o de las minas de hierro españolas. Los modales del autóctono son parsimoniosos, sobrios.

Y este elemento de trato social es innato; con tanta mayor razón se explica la rápida adaptación al estadio de clase superior o dirigente, cuando interviene el elemento educativo que sabe escoger entre lo que es y no es ridículo.

Derivado de este constante regular su convivencia, conforme al concepto que venimos reseñando, adquiere el mestizo o el criollo una agilidad de inteligencia polarizada a la crítica mordaz, que no tiene ningún ingrediente de la vital *jocundia* española, o del intelectual y exquisito *esprit* francés, o del frío y equilibrado *humor* inglés. La alegría mexicana, excluyendo la de los habitantes de las costas, que es distinta de la del centro, por bullanguera, sana y, agregaría, saturada de malicia biológica, la alegría mexicana de las mesetas es triste porque siempre la crítica, en este caso para lo que se estima ridículo, deja un sedimento de resentimiento y melancolía.

Sólo así se explica la prodigiosa fecundidad del pueblo para abocetar con profundo acierto psicológico, en la mayoría de los casos, a los hombres públicos que exhiben ridículamente en canciones y epigramas, corridos y cuentos.

Los *chistes* acerca del caudillo, el diputado o el líder son sangrientos y si hacen reír al público no es por alegría sana, sino por burla y crítica mordaz sin llegar a la ironía.

No es, pues, el modo principal de ser del mexicano un complejo de inferioridad como algunos ensayistas han afirmado.

Es el sentido hondo y desarrollado de la autocrítica que valora y exalta la actitud normal, excluyendo toda singularización, por temor al ridículo.

El surrealismo

Por escribir del surrealismo se me puede llamar un «pasado de moda», ya que me preocupo de cosas que tienen quince años de propuestas y discutidas.

Pero ignorar en qué consiste el surrealismo es tomar una postura cómoda de ídolo con cabeza de cantería. Criticarlo ignorándolo, es poseer la cabeza de piedra del ídolo, valga el pleonasmo, petrificada. Opinar que es un movimiento que pertenece al pasado, demuestra desconocimiento de los componentes atmosféricos que se respiran en otros países. En el Segundo Congreso de Estética celebrado en Paris, en agosto de 1937, muchos presentaron todavía trabajos acerca de él.

Al hablar del surrealismo lo enjuiciaré desde varios ángulos; desde el psicológico, en el que, por su saturación de ideas freudianas, sufre el mismo destino (¿peligro?) que el psicoanálisis, aún cuando éste sea depurado; también es posible valorarlo estéticamente y consignar su evolución histórica, usando el *common sense* o esgrimiendo el criterio personal; pero, en todo momento, antes que utilizar argumentos dimanados de un criterio preestablecido, señalaré los errores y contradicciones en que incurre.

La pasada guerra europea engendró una literatura derrotista. Filósofos y moralistas se espantaron porque el pragmatismo humano se usase destructivamente. De aquí el descrédito de viejos valores, y los hombres jóvenes, sector principal en el que el sufrimiento derritió la espina dorsal, formulasen protestas por la inutilidad de la mortífera conmoción, y, apoyándose en algunos brotes ante-guerra de culto al irracionalismo (Nietzsche, Bergson, Emilio Lask en filosofía, Marinetti en arte, Henri Matisse inventando el término de «cubismo» en 1910) hacen conocer sus sentimientos despreciativos por un orden ético, legal y económico basado en la razón que no supo impedir el hambre, la tristeza y la mortandad.

Por eso Tristán Tzara en 1918 en el *Manifiesto dadaísta*, insulta el esfuerzo consciente y racional, negando todo valor al producto de la humanidad pasada, pretendiendo trazar un nuevo camino. «¿Por qué debemos comenzar la vida, dice, por Dios, por la idea o por otra aparición cualquiera?» Por ninguno de esos lados, porque «todo lo que se contempla es falso». Pero *Dada* proclama y reconoce un solo fundamento cierto: el instinto, que es irracional por excelencia.

El dadaísmo muere en 1924, quizá por irreverente al pasado, puede que por inercia de sus componentes, pero, con mayor seguridad, por su falta de verdad.

En este mismo año André Breton publica el *Primer manifiesto del surrealismo* definiéndolo así: «Es el automatismo psíquico por el cual se trata de expresar ya por la palabra, la escritura y otros medios, la verdadera función del cerebro, sin el control de la razón y fuera de las preocupaciones estéticas y morales». Breton tenía en aquellos momentos juveniles veintiocho años y vivía en un París caótico, abarrotado de *nouveaux riches*, arribistas norteamericanos orgullosos de su Wilson y del Tratado de Versalles, checos incomprensibles, lánguidos rusos blancos y semisalvajes argelinos. Se respiraba, sobre todo, un ambiente de sexual derroche, biológicamente importante para reconstruir nacionalidades exhaustas de hombres.

Sigmund Freud cuyas teorías, definitivamente dibujadas casi al terminar la guerra, comienzan a expandirse por círculos científicos y semicultos, constituye una justificación de la embriaguez sexual que se traduce en un nuevo imperativo moral, muy parecido al bergsoniano, vivir cada quien su vida. Porque Freud no sólo aspira a una explicación psicológico-causal de las neurosis, sino que amplía su dogmatismo pseudo-filosófico al campo del apriorismo social e incluso religioso, estético y moral.

Breton se afilia en parte al psicoanálisis, no estimándolo el surrealista francés como método curativo, sino como medio para elevar las capas profundas del yo a la superficie; hace suya la teoría del inconsciente, que gobierna y dirige los elementos capaces de hacerse conscientes, aunque generalmente sin conciencia de ello; así, el inconsciente, irracional, verdadero instinto que constituye el último y más profundo estrato del yo, tiene un empuje hacia afuera que se manifiesta con gran ansiedad en los sueños, en el fenómeno onírico.

Ahora bien, el inconsciente tiene dos aspectos: el personal y el colectivo o absoluto. Interesantísimo es el primero, que constituye la historia de la personalidad, pero mucho más importante es el segundo, el colectivo, que pertenece por igual a todos los hombres porque encierra la herencia ancestral y sus experiencias. Por esta razón el surrealismo pretende ser universal y «no se contenta, dice Breton en el *Primer manifiesto*, con ser el medio de expresión de un grupo o de un país, sino que será internacional y acogerá a todos los *ismos*... y reunirá los elementos vivos de cada uno». Efectivamente, ¿hay algo más universal que el instinto? ¿No es, en cierto modo, el surrealismo una vuelta a la naturaleza, al estilo *rouseauniano*? ¿No constituye, acaso, la victoria del instinto de Tristán Tzara sobre el racionalismo desprestigiado que produjo la Gran Guerra?

Hay otra relación entre el psicoanálisis y el surrealismo: esa capa de lo inconsciente colectivo que está compuesta de deseos y caracteres infantiles y arcaicos que constituyen el verdadero modo de ser humano, se manifiesta en sueños, demostrando el conflicto que hay entre su aspiración volitiva y la represión impuesta por el progreso de la humanidad, por el hombre civilizado que, racionalmente, reprueba y desecha la actitud del salvaje y del primitivo. Por eso, dice Breton en el *Segundo manifiesto*, «querida imaginación, lo que yo amo sobre todo en ti, es lo que tú no perdonas», es decir, lo condenado por la imaginación consciente, por el espíritu racional del hombre culto.

Breton no niega la realidad, es más, dice «que sin realidad no hay vida» y el artista debe partir de la imagen del objeto exterior; pero, como indica el mismo concepto de surrealismo (sobre realidad), hay un mundo psíquico, el subconsciente, que es mayor que el mundo normal, constituido por el de los sueños, expresiones del conflicto de represión entre el instinto y la razón; ahí es donde debe buscar el artista su inspiración, asumiendo la responsabilidad de llegar hasta las profundas capas del subconsciente para captar en una poesía, pintura o escultura, el misterio del instinto inconsciente, porque sólo a él le es dado ese grado de supersensibilidad interpretativa de lo que se presenta en la nebulosa pantalla del sueño. El artista es estimado como el supremo psico-analista.

En resumen, la tesis bretoniana aspira: 1º a ser universal, porque quiere que el arte imprima el instinto, el subconsciente colectivo llevado a la superficie por lo onírico; 2º con la acoplación del psicoanálisis al arte, se proclama una especie de verdad en donde la razón explicativa cesa de tener curso; es pues, la exaltación de lo irracional; 3º el surrealismo pone de manifiesto por medio del arte un modo de ser del hombre, no constituyendo, según pretende, una teoría más.

Renato Descartes, Pascal, Kant, Comte, paladines de la razón y campeones del intelecto, son odiados por el surrealista. En cambio descubre afinidades en Jerry, Rimbaud, Lautreamont, Baudelaire, Poe, Litchemmberg, Nerval, y, apreciación inexplicable, también Hegel el panlogista y Fichte con su fundamento de la libertad, son tomados como... pródromos surrealistas. Igualmente Lenin y Marx se convierten en corifeos de esta tesis irracionalista.

Pasemos ahora al balance crítico.

En toda la exposición teórica se descubre una gran superficialidad que raya con lo frívolo, siempre que se abandone la hojarasca literaria y se obtenga la médula de la exposición. Y a pesar de los ingredientes psicológicos, tomados en préstamo de la literatura freudiana, no abandona un solo instante al lector la impresión de vacuidad y falso valor. En una sola frase diría que nos encontramos enfrente de una elucubración juvenil con pretensiones de madura seriedad, expuesta en léxico de apariencia científica.

A esto se llega, sobre todo, cuando Breton se respalda con los pensamientos de Hegel y Fichte, Marx y Lenin. De los dos primeros filósofos se descubre la falta de comprensión aunada con la falsa interpretación. Con respecto a los segundos nos asalta la sospecha de que se trata de un acomodamiento demagógico, forzado, para lograr carta de adaptación a la posición política de moda. No se comprende la conexión entre un irracionalismo psicológico y la dialéctica materialista, pues basándose el surrealismo en el instinto, como lo hace, que es permanente en el hombre y sobre todo inmutable, la dialéctica, que es el perpetuo cambio de la materia, se opone a todo lo estático, que, quiera o no el surrealismo, es la base de su teoría. Por eso si Breton llama burgueses a ciertos clásicos, en una conferencia dicha en Tenerife, los califica así nada más porque no los cree surrealistas.

El movimiento que analizamos parte de un postulado: hay una realidad subjetiva que no es racional. ¿Qué tiene que ver esta tesis psicológica con Hegel cuya *idea* es un principio lógico, a la cual es cierto que la llama irracional, pero en distinto sentido del que se figura Breton? ¿En qué le interesa al materialismo marxista el instinto y lo onírico? ¿El arte llamado proletario, la poesía revolucionaria, abandonará sus temas que expresen las ansias y torturas del trabajador para ocuparse de psicoanálisis en el sentido bretoniano, que, a final de cuentas, por unos es aceptado y por otros rechazado? ¿Será tan real para el socialista la indigencia del campesino como la posibilidad de expresar lo onírico?

Y para hacer más clara la escisión entre materialismo y surrealismo, basta pensar que el último es una rebusca inmanente, subjetiva, psicológica, en vez de un concepto de indagación objetiva y material.

Además, Hegel es idealista y el aceptar, en cualquier parte que sea, su explicación estética, es afiliarse al idealismo en total; en cambio Marx y Lenin son realistas; o la dialéctica que se pretende ajustar al surrealismo es la materialista (que ya hemos demostrado que se opone al principio estático del instinto) o se refiere a su antitética, la idealista. Porque no es posible formar un eclecticismo de dos cosas que se rechazan fundamentalmente: el pensamiento realista de Marx, y el devenir idealista de Hegel.

Y por si no fuesen suficientes las consideraciones anteriores, pensemos que el psicoanálisis quiere explicar la histeria y las neurosis, y Salvador Dalí, uno de los más destacados surrealistas, no huye ante las consecuencias últimas de la demencia, descubriendo en los fenómenos paranoicos la posibilidad de un método experimental que llama «actividad-crítico-paranoica», calificado como el único método espontáneo irracional basado sobre la asociación crítico-interpretativa de los fenómenos delirantes.

¡Escaso valor tendrían Hegel y Marx, Fichte y Lenin si hubieran sido unos paranoicos... ¡surrealistas! ¡Escasa sería la propaganda obtenida por los carteles soviéticos si se hubiese encargado su confección a locos que tienen imagen de doble figuración! (Como algún cuadro del propio Dalí que representa hasta seis imágenes simultáneas: cabezas de un general, un muerto, un león, un caballo, con torso de atleta y busto de mármol.)

El surrealismo no se refiere al sentimiento humano sino a lo patológico, a la neurosis. Huye del racionalismo porque es fisiológico, normal. No le interesa la estética (recuérdese la definición de Breton transcrita en un principio) sino que se ocupa de lo onírico. Pero como el arte constituye lo estético, y los artistas son los que hacen arte, se concluye que no hay arte, ni poetas, ni pintores, ni escultores surrealistas, sino simples taumaturgos... irracionales.

Además, dicen estar fuera de las preocupaciones morales, contradiciéndose a sí mismos, ya que ponen de manifiesto una manera de ser interna del hombre que obliga a determinada forma de actuar, el instinto, debiendo obrarse conforme a los dictados obtenidos por la expresión de lo onírico. No hay moral que implique lo bueno, pero sí una moral irracional.

Otras contradicciones se encierran en este irracionalismo: recuérdese que no solo hay el subconsciente colectivo, sino también el personal, que puede estar en conflicto con el consciente, manifestándose también en los sueños. Ahora bien, si el artista logra dar cuerpo expresivo a su complejo personal, resultará que su obra es la expresión de sí mismo y el surrealismo ha dejado de ser universal para ser sólo de un sujeto.

Acontece que lo irracional se convierte en racional, porque el subconsciente sólo es irracional cuando no ocupa el campo iluminado de la conciencia, pero si me hago consciente de lo que residía en mi subconsciente, éste se ha vuelto algo racional. Y me pregunto: ¿podrá el poeta expresar en versos, que ocupan su conciencia, cuando menos al trazar las letras en el papel, decir cosas irracionales que están en la subconciencia? Otro tanto pienso del escultor o pintor: ¿las simples sensaciones visuales de los colores, o táctiles de la materia plástica con que se modela, son subconscientes? ¿El contenido irracional del sueño que se ha querido expresar en la obra, ese complejo sumergido, esa pretendida vivencia subconsciente, que dice no es consciente, ha sido realizada consciente o subconscientemente? El absurdo surrealista es patente y no cabe excusarse diciendo que hay un pequeño ingrediente racional cuando se describe la represión inconsciente dada en el sueño. Aquí no cabe un *trait d'union*: o lo consciente es consciente o deja de ser consciente, pero no cabe hablar de lo racional unido a lo irracional.

Ahora bien, estas consideraciones han de relacionarse con un surrealismo *propuesto como método* para hacer poesía, pintura, cine o escultura. Pero al final veremos que tiene un valor en cuanto es una teoría que explica ciertos aspectos del arte en general, que antes habían quedado en la incomprensión.

Pero se pondrá de relieve la imposibilidad de hacer consciente el subconsciente (siguiendo el camino que trazan Breton y Dalí) si analizamos alguna obra realizada por los pontífices de este irracionalismo.

Describimos, como ejemplo, la película titulada *Le chien andalou* y obtendremos ciertas conclusiones que servirán de respaldo a las opiniones anteriores, pues cada cuestión por averiguar abarca toda la problemática de ésta, pero, además, la indagación de esta cuestión no puede emprenderse sin que el investigador en cuanto tal esté involucrado en ella. El método que traza esta consideración es el único aplicable al caso para que partiendo del espectador del film, se obtenga un juicio, ya no sólo de la película misma, sino también del surrealismo.

No hay razón de emprender una reseña de datos adyacentes, como lugar de exhibición y clase de público asistente; basta informar que la vi un día de mayo de 1938 y que André Breton en persona leyó unas cuartillas en donde limitaba la actitud del espectador. «No vayas a pretender comprender la película, dijo, no tomes las escenas en forma simbólica, porque nada ocultan ni significan; simplemente el director Dalí aplica al cine lo que llama método crítico paranoico».

Obedeciendo los consejos del que advertía, traté de no razonar, no asociar ideas, no pensar y vivir, *estrictamente vivir*, la película.

Resumiéndola, salto muchos detalles, fue así:

En la pantalla aparece un personaje de treinta años, de carnes robustas, que sostiene en los labios una colilla de cigarro; estaba asentando una navaja de rasurar; al terminar prueba el filo en la uña del pulgar; empuñándola va a un balcón desde donde se ve la luna que en esos momentos estaba dividida por una nubecita alargada. (Corte.) Ahora es una mujer sentada que tiene una mano extraña en el rostro; los dedos índice y mayor restiran sus párpados abriéndole el ojo izquierdo. (Corte.) La pantalla se llena por la fotografía cercana del pedazo topográfico que está entre un costado de la nariz, el ojo y la sien; se ve la esclerótica, un iris gigantesco, la pupila, el lagrimal y las pestañas; la navaja de rasurar, combando hacia dentro los tejidos, que siguen el dibujo recto trazado por el filo, se hunde rápidamente en el ojo cortándolo por la mitad; brota una gelatina obscura y viscosa; la pelota se desinfla. (Corte.)

Fue tan imprevisto e intenso el *choque* experimentado, que una contracción muscular de mis pies motivaron la torcedura de algún tendón, ocasionándome un dolor que sólo se me quitó después de caminar un rato, una vez terminado el film.

Al día siguiente, un amigo mío pintor, me contó que necesitó beber algunas copas para olvidar la impresión que le produjo esa escena. Desde este momento no me abandonó hasta el final una angustia ante la posibilidad de que hubiera otras escenas tan crueles y lacerantes como la descrita.

Después, por unas calles sin transeúntes de algún barrio de París, va un ciclista vestido de manera estrafalaria; por sombrero lleva algo que puede ser una cofia medieval o unas orejas de asno, como esas con que castigan en Europa a los chicos de escuela. El traje tiene algo de arlequín con unos faldellines. Hay unos momentos en que la fotografía es doble, pues sobre la escena con perspectiva de casas y calles, ilustrada sólo con el ciclista, aparece una parte de su espalda y riñones que se inclinan de un lado a otro siguiendo el ritmo del pedaleo; varias escenas se suceden con el mismo tema. (Corte.) Una mujer vestida a la moda de 1929 (época en que se filmó la película) ve la calle tras los cristales de una ventana; ahí llega el ciclista que acaba por derrumbarse, quizás, muerto, frente al umbral de la casa; la mujer sale y lo besa. (Corte.) Un hombre se mira la mano que está llena de hormigas por la palma; una mujer se acerca curiosa y también observa las hormigas. (Corte.) Ahora es una mano cercenada por abajo de la muñeca que está en un embaldosado; un palito, que no se sabe a quién pertenece, juguetea con ella, la empuja, la revuelve, percibiéndose un reborde flácido que se comprime con el palo; en el centro del muñón hay una protuberancia que se suponen que sean los huesos aserrados. (Corte.) Fotografiado desde arriba un andrógino semisonriente y plácido está rodeado por algunas personas que con agitación miran hacia el suelo; unos gendarmes franceses de capa corta alejan a los curiosos; ¿será un hombre o una mujer la figura central? Uno de los gendarmes se inclina y recoge la mano que entrega a *ese* que se ha convertido en una jovencita; ésta pone en una caja rallada el pedazo de carne. La escena sucede en el mismo sitio donde cayó el ciclista; otra vez, tras los cristales del balcón, está la mujer, pero ahora la acompaña un hombre que mira con expresión de sonriente ansiedad morbosa a la chica que, en medio de la calle, inmóvil y abstraída, abraza la caja que encierra la mano cortada; un automóvil le pasa rozando; otro más; el tercero la atropella y tendida en el suelo sigue apretando, con los brazos en *equis*, al muñón; entonces, el hombre del balcón se acerca a la mujer y le apretuja los senos pero ella escapa; él la persigue y prensándola contra una pared, por encima del vestido, nuevamente le aprieta cada pecho con cada mano. (Corte.) Ahora es un torso de mujer cuyos senos desnudos son rasguñados por unas manos. (Corte.) Otras manos palpan la grupa de una mujer desnuda. (Corte.) Vuelta a la escena de la persecución; ella se resiste y él levanta los hombros despectivamente. (Corte.) Está ella recargada en un muro y él, en medio de la habitación, jala de dos cuerdas, una sobre cada hombro; resbala, se esfuerza, sigue jalando. (Corte.) La fotografía tomada desde un ángulo posterior nos informa que lo que el hombre está jalando son dos pianos, sobre uno de los cuales hay un asno destazado que mana sangre; a los pianos van unidos dos hombres acostados en el suelo, vestidos con unas especies de sotanas. (Corte.) Se desembaraza de las cuerdas, abalanzándose nuevamente a ella que logra escapar por una puerta, la que al cerrarse tritura una de sus manos, llena otra vez de hormigas. (Corte.) Vienen otras escenas donde alguien, que no enseña el rostro, castiga a un hombre poniéndolo de narices contra la pared, el castigado reacciona y a tiros mata a su verdugo que, al caer, rasguña con una de sus manos crispadas, la espalda de una mujer desnuda que está sentada. (Corte.) Lo entierran. Por último, ella está en la playa y un personaje esquivo le muestra el reloj, como reprochándole tardanza; se contenta y abrazados caminan; en una depresión con agua de mar encuentran la misma caja rallada en que el andrógino guardó la mano cortada y que, misteriosamente, estuvo tanto en poder del ciclista como del castigado; vuelve la pareja a emprender el paseo. (Corte.) Aparece un letrero que dice: En la primavera. Sobre una superficie arenosa hay dos figuras que parecen de cera, una masculina y otra femenina, enterradas hasta la mitad del cuerpo.

Los espectadores parpadearon para acostumbrase a la luz que se había prendido. Nadie se levantó ni cruzó palabra; temían caer en el ridículo de que se les juzgase como que no habían comprendido. Aquel momento se pareció a ese otro en que un pianista termina la frase de una *suite* y el público le ve bajar los brazos del teclado, pero nadie se atreve a comenzar el aplauso, porque pudiera tratarse de una pausa y se le sisearía por los conocedores. Por fin se levantó una señora, pero nadie osó imitarla. Alguien dijo atrás ¡ya se acabó! y hasta entonces comenzó la charla, el cambio de impresiones, pero muy mesuradamente. Unos decían: ¡maravilloso!, otros ¡tonterías! Ambas clases de críticos estaban muy cerca del *snobismo*; sólo unos cuantos meditaban y por el momento no opinaban tratando de analizar y coordinar sus sentimientos.

La vivencia del film fue una continua perturbación e intranquilidad. El choque de la primera escena mantuvo al espectador en la angustia; la mano cercenada se vio sin repulsión; el andrógino hizo sentir lo equívoco sin asco; con las hormigas en las manos, se despertó la curiosidad; sin erotismo, se vio la caricia un poco brutal que alguien hizo a la mujer desnuda.

La continuidad totalizadora de la película, con su incongruencia e irracionalismo, se asocia a los sueños y pesadillas. Esto, quiérase o no, fue logrado a perfección por el director Salvador Dalí. Pero ha de pensarse en el esfuerzo consciente y racional que hubo de hacerse para presentar una película irracional, que deja de parecerse a las otras, más o menos artísticas, por dos razones: por un lado no despierta el interés de *diversión*, de entretenimiento o placer para descanso y pasatiempo, porque falta el argumento, la acción encadenada. No obstante, durante la exhibición fue captada y polarizada la atención. Se diría que el público sufrió una absorción con suspensión de ideas. En segundo lugar, difiere la vivencia de *Le chien andalou* de aquella otra que todos, en alguna ocasión, hemos tenido; me refiero a la delectación estética, esa manera de estimar lo bello de un objeto; lo que nos produce placidez, no física, sino emocional, subjetiva. La película surrealista, todo lo contrario, es tortura y ansiedad, intranquilidad que nos capta sin delectación.

En la vida sufrimos múltiples vivencias que a pesar de ser intensas, absorbentes, no las podemos tachar ni de bellas ni de artísticas. El espectáculo de un hombre que acuchilla con saña a otro, nos encoje el alma y suspende la circulación. En cambio la facción del *Otelo*, a pesar de que puede involucrar una serie de sentimientos más o menos parecidos a los que sufrimos frente al asesinato, tiene un algo misterioso que lo hace bello. Se podría argumentar que uno es real y el otro no, pero no es este el caso que quiero ejemplificar, pues en la misma ficción hay elementos reales que son los actores. Lo que deseo subrayar es que no todo hecho real o ficticio, puede cumplir con las leyes estéticas, y el surrealismo, exaltando al instinto (como el de conservación del individuo o el aspecto sexual), nos hace vivir la angustia de la pesadilla porque como método, no es para lograr una nueva forma artística.

En cambio, creo que los surrealistas han descubierto, aunque sin seguir, ni mucho menos agotar la linea científica, una *posibilidad del estudio de la psicología artística*, pues el instinto, los complejos, las neurosis, etc., deben ser, con seguridad, elementos constitutivos de cualquier vivencia estética, ya creadora o contempladora. Pero la obra surrealista no es bella, dice Breton en el *Primer manifiesto*, porque se sigue el propósito de llegar a lo irracional por medios estrictamente racionales. En cambio se podrán descubrir los sentimientos que motiven en el artista, en forma instintiva e irracional, ciertas notas plasmadas inconscientemente en su obra.

Pero en toda actitud humana, por falsa y artificiosa que sea, está la expresión del momento histórico en que aparece; tiene algo que sintetiza la humanidad en donde nació. Y en el surrealismo hay cierta afinidad con la filosofía y el arte contemporáneos, pero en planos muy distintos, pues mientras en la primera es pensamiento serio, ciencia, en una palabra, en aquel se encuentran, efectivamente, actitudes oníricas, a veces de poeta verdadero, en extraño consorcio con teorías justificativas de ineptos, porque nunca se han *colado* tantos falsos valores artísticos como en el arte de hoy.

Muchos pensadores laboran en una filosofía de lo irracional, en una antropología de los sentimientos, que podrá no ser idealista pero sí es un puro inmanentismo, llámese angustia o inquietud, *élan vital* o preocupación.

La época actual es un revolverse contra la razón y lo trascendente que por milenios dominó al hombre.

Ortega y Gasset creyó descubrir que el arte actual está deshumanizado y, para respaldar su aserto, da este ejemplo: en la pieza de un moribundo se hallan varias personas: la esposa, un médico, un periodista y un pintor; la agonía se ofrece a ellos con distinto aspecto; cada uno, aunque presencia el mismo hecho, tiene su particular punto de vista y de sentimiento; ¿cuál de todos será el verdadero? Por lo pronto, la distancia espiritual de los espectadores de la escena del agónico constituye la causa de los diferentes sentimientos; sólo la mujer *vive* la escena, los otros la contemplan; otro tanto sucede con el mundo que nos rodea (personas, cosas, situaciones): unos viven la realidad y otros la contemplan; «en la escala de las realidades corresponde a la realidad vivida una peculiar primacía que nos obliga a considerarla como la realidad por excelencia». Y el pintor que está frente al moribundo parece inhumano, porque no vive esa realidad, pues su actitud es contemplativa. «Lejos de ir el pintor más o menos torpemente hacia la realidad, se ve que ha ido contra ella», y en lugar de captar lo real, el artista se preocupa de las emociones secundarias que se despiertan en su interior, provocando esos «ultraobjetos» que hoy constituyen la obra de arte.

Efectivamente, el arte de nuestros coetáneos es *subjetivo*, con esas características que Worringer denomina *abstracción* en oposición a proyectarse sentimentalmente en el mundo exterior.

Roh ha establecido la diferencia del inmediato artista de antaño con referencia al contemporáneo; el primero se deja llevar por el informe que le dan los sentidos de la realidad, solazándose en las situaciones, formas, colores y relaciones de las personas y las cosas; en cambio, el artista actual está sojuzgado a una amalgama, ya no de sensaciones, sino de impresiones, emociones, sentimientos y vida interna que constituyen los procesos más profundos del yo.

La novela de hace cincuenta años empezaba por describir al héroe por los rasgos de su morfología externa y de ahí se adentraba en la psique, interpretando su personalidad por la dureza de la barbilla o amplitud de la frente; después la literatura rusa introdujo la modalidad de olvidar lo externo para narrar el proceso interno; hoy no se retrata al héroe por afuera; tampoco se crea un individuo o personaje más o menos novelesco, es el *mismo autor* quien se *pone* en las páginas de su obra y cuenta todo lo que le sucede subjetivamente, atribuyéndolo a un ser que es él mismo con otro nombre.

También la plástica de hoy es la expresión del complejo inagotable de las vivencias del artista. No pinta o esculpe la realidad *exterior*, sino que plasma *su* realidad *interior*.

Es el caso de Puvis de Chavannes que por medios mecanizantes, como copiar repetidamente la copia de la copia, obtenía un boceto que estaba *desrealizado*.

El surrealismo no reniega de lo externo, pero en vez de utilizarlo como tema central, sólo se vale de él en tanto que constituye la causa de un proceso fundamental, que determina el paroxismo del subconsciente que trata de externarse en la acción. Y esto es *vivir*, al estilo gassetiano, un hecho interno.

Ortega tuvo un cierto atisbo del problema del arte, pero se desvió y lo resolvió equivocadamente.

Que el arte de hogaño no sea una proyección en la realidad del mundo exterior, es verdad; pero que de esto se concluya que es un arte deshumanizado, creo que es una cuestión que participa más de las palabras hechas. Escribir y dejarse arrastrar por las palabras que se van escribiendo es distinto de pensar con antelación y después escribir.

El arte del presente desprecia lo externo, pero se revuelve hacia lo interno; es un arte *introyectado*; y como el hombre es persona, porque vive su internidad, que es humanidad, pues lo externo, su cuerpo, sólo es biología, hay que aceptar que vivimos la etapa más humana de la historia del arte.

Un arte que hace fugarse de sí mismo al hombre para estar en lo externo, es, casualmente, deshumanizado; cuando mucho, diría que esa clase de pintura o novela constituyen una antropologización del mundo trascendente.

Por alguna razón aparece el surrealismo en nuestros días de inmanentismo e introversión al subconsciente.

No creo, repito, en esa tesis en cuanto método para hacer arte, pero la acepto como teoría que es descubierta en una etapa de cultural humanismo, que explica, aunque falta mucho por investigar, ese aporte subconsciente del creador y del contemplador y que helénicamente se ha bautizado con la designación de *inspiración de las musas*.

El surrealismo puede convertirse, cuando se depure de esos pecadillos que antes critiqué, en un capítulo interesantísimo de la psicología del arte.

www.ingramcontent.com/pod-product-compliance
Lightning Source LLC
Chambersburg PA
CBHW071149090426
42736CB00012B/2281